本著作是江苏省高校哲学社会科学研究基金项目（2021SJA0929）主要研究成果

双循环视角下无锡文化产业与经济增长

陈敏玉　著

北京工业大学出版社

图书在版编目（CIP）数据

双循环视角下无锡文化产业与经济增长 / 陈敏玉著．—北京：北京工业大学出版社，2022.12
　ISBN 978-7-5639-8529-6

　Ⅰ．①双…　Ⅱ．①陈…　Ⅲ．①文化产业－产业发展－研究－无锡②信息经济－经济发展－研究－无锡　Ⅳ．① G127.533 ② F492.3

中国版本图书馆 CIP 数据核字（2022）第 251421 号

双循环视角下无锡文化产业与经济增长
SHUANGXUNHUAN SHIJIAO XIA WUXI WENHUA CHANYE YU JINGJI ZENGZHANG

著　　者：	陈敏玉
责任编辑：	许啸东
封面设计：	知更壹点
出版发行：	北京工业大学出版社
	（北京市朝阳区平乐园 100 号　邮编：100124）
	010-67391722（传真）　bgdcbs@sina.com
经销单位：	全国各地新华书店
承印单位：	北京银宝丰印刷设计有限公司
开　　本：	710 毫米 ×1000 毫米　1/16
印　　张：	8.75
字　　数：	175 千字
版　　次：	2022 年 12 月第 1 版
印　　次：	2022 年 12 月第 1 次印刷
标准书号：	ISBN 978-7-5639-8529-6
定　　价：	68.00 元

版权所有　翻印必究

（如发现印装质量问题，请寄本社发行部调换 010-67391106）

作者简介

陈敏玉,女,1981年生,现为无锡职业技术学院讲师,硕十研究生学历,研究方向:文化产业、企业管理。

前　言

一般认为文化产业是以创意为核心，以文化为灵魂，以科技为支撑，以知识产权的开发与运用为主体，以提供能够满足广大人民群众对美好生活需要的文化产品或服务为目标的知识密集型和智慧主导型战略产业。因此，作为一种第三产业的重要形态，文化产业得到了各个国家和地区的普遍重视。当前，我国正处于双循环经济发展时代，文化产业不仅能够以其特有的社会属性发挥引导社会主流价值观、提高人们精神和物质生活品质等作用，还能通过与其他产业的融合，减少对传统资源的依赖，优化区域经济结构，助力传统产业的转型升级，推动地区经济和社会高质量发展。

从现实角度来看，无锡作为全国长三角区域重要的城市之一，其文化产业在过去十几年中取得了长足的进步，为区域经济结构优化和经济增长做出了一定的贡献。但是在双循环经济发展格局的新要求下，无锡文化产业也需要进一步总结经验，提质增速，以更好的发展态势迎接新的发展要求。

基于上述认识，本书将选择无锡文化产业与经济增长的问题作为研究对象，运用产业经济学、产业发展、经济增长、文化经济学等理论，遵循"现状分析→量化与质性实证研究—研究结论—建议及对策"的研究思路，系统研究双循环发展格局下，文化产业与无锡地区经济发展之间的相互关系，以及文化产业发展所受到的影响等问题，并根据研究结论提出相应的建议、对策。

本书的初步研究结论有以下观点。

一是，伴随着无锡地区的经济增长和社会发展，文化产业在产业增加值、产业园区建设、产业相关从业人数等方面都获得了长足发展。但是也存在着产业规模体量较小、各板块发展不均衡、文化企业经营绩效下降等问题。在双循环经济发展格局要求下，未来无锡文化产业需要进一步优化。

二是，从产业关联性研究视角来看，无锡文化产业与国民经济中的其他产业、行业有密切的联系。从产业关联的耦合关系看，文化产业对其他产业的影响超过了其他产业或行业对于其自身发展的影响。其中，文化产业主要与第三产业中的各个行业存在最紧密的关联关系。

三是，无锡文化产业的发展会受到来自产业资源、基础设施、居民消费水平和习惯、产业结构等多方面因素的影响。灰色关联分析结果显示这些因素对于文化产业的作用程度有所不同。

四是，从产业与经济增长的关系来看，无锡文化产业与国内生产总值（GDP）依然存在正向显著的相关关系，并且对无锡地区国民经济的增长有一定贡献度。因此，有理由相信，随着无锡文化产业的进一步优化调整，未来其对无锡地区的经济增长将产生越来越重要的推动作用。

五是，基于上述初步研究结果，未来无锡文化产业可以从政府政策、产业发展、企业运行等三个层面发力，通过强化政策引导、创新发展模式、提升企业能力等，不断提高发展质量。

本书的初步研究成果能够进一步丰富和完善文化产业的理论研究，对于文化产业与地区经济增长之间的相互关系的研究有更深入的解析。同时，研究成果对于如何在现实中进一步推进地区文化产业高质量发展具有一定的参考价值。

目 录

第一章 绪论 ·· 1
  1.1 研究背景 ·· 1
  1.2 研究意义 ·· 2
  1.3 研究方法 ·· 2
  1.4 研究框架 ·· 3
  1.5 本章小结 ·· 4

第二章 文献综述 ·· 5
  2.1 双循环经济 ··· 5
  2.2 文化产业理论 ·· 7
  2.3 经济增长理论 ··· 14
  2.4 本章小结 ··· 16

第三章 双循环时代下的文化产业发展 ································· 17
  3.1 双循环时代下文化产业的发展特征 ································· 17
  3.2 双循环时代文化产业对经济的影响 ································· 21
  3.3 国内典型城市文化产业发展的案例 ································· 23
  3.4 本章小结 ··· 29

第四章 无锡文化产业与经济发展 ·· 30
  4.1 无锡社会经济发展概况 ·· 30
  4.2 无锡文化产业发展概述 ·· 32

4.3 无锡文化产业典型案例 ································· 47
　　4.4 无锡文化产业存在的问题 ····························· 55
　　4.5 本章小结 ··· 58

第五章　无锡文化产业与经济发展关联的效应 ················ 59
　　5.1 文化产业与经济发展的关联 ························· 59
　　5.2 文化产业的产业关联度 ······························· 63
　　5.3 文化产业影响因素的关联度 ························· 71
　　5.4 本章小结 ··· 81

第六章　无锡文化产业与经济发展相互影响的效应 ············ 82
　　6.1 文化产业对经济发展的影响 ························· 82
　　6.2 文化产业影响作用指标体系 ························· 86
　　6.3 影响效应的研究分析 ································· 87
　　6.4 研究分析结果 ·· 97
　　6.5 本章小结 ··· 97

第七章　无锡文化产业高质量发展的建议 ······················ 99
　　7.1 主要研究结论 ·· 99
　　7.2 对策建议 ··· 102
　　7.3 本章小结 ··· 115

参考文献 ··· 116

附录1：全国文化产业相关政策法规 ······················· 119

附录2：无锡文化产业相关政策法规 ······················· 127

后　记 ··· 131

第一章 绪论

1.1 研究背景

2020年5月习近平总书记明确提出:"要把满足国内需求作为发展的出发点和落脚点,加快构建完整的内需体系……逐步形成以国内大循环为主体、国内国际双循环相互促进的新发展格局,培育新形势下我国参与国际合作和竞争新优势"。随后,党的十九届五中全会正式确定了"加快构建以国内大循环为主体、国内国际双循环相互促进的新发展格局"的目标。

推动形成双循环的新发展格局是根据我国发展阶段、环境、条件变化提出来的,是重塑我国国际合作和竞争优势的战略抉择。有学者认为需要以创新引领内循环、以数字经济赋能内循环、以培育新增长极和动力源拉动内循环。从整体上来看,双循环要求提升产业基础能力和产业链现代化水平,提高满足国内需求的能力。

近年来我国文化产业表现出十分强劲的发展态势,文化产业增加值占GDP的比重逐年提高。相关统计数据显示,我国文化产业增加值GDP占比从2004年的2.15%提升至2018年的4.3%。随着社会经济的发展和人们收入的提高,传统以物质消费为主的消费结构正在向以精神文化方面的消费为主进行转型,文化产业市场消费不断增加。数据显示,全国居民人均支出中教育文化娱乐消费从2015年的1723.1元逐年递增至2019年的2513元,占居民消费比重从2015年的11%提升至2019年的12.9%。因此,文化产业无论在供给侧还是需求侧,对助推经济增长与产业转型升级会产生越来越大的作用。尤其是在双循环发展格局下,预计这种作用将更加明显。

与此同时,无锡文化产业近十年来也取得了长足的进步。不管是文化产业增加值,还是文化企业数量、文化产业从业人员等都有了一定的提高,文化产业已经成为无锡国民经济和社会发展体系中的重要组成部分。但同时,无锡文化产业在发展过程中也存在着总体体量偏小、各区板块之间发展不均衡、文化企业经营能力减弱等不足。面对双循环经济发展格局，无锡文化产业需要及时对以往发展经验进行总结，并且在双循环经济发展格局下，研判如何重新定位、规划、调整，以便更好地适应新形势的发展，并作为国民经济和社会发展体系中的重要组成部分，推动地区国民经济持续增长。

1.2 研究意义

1.2.1 理论意义

以往研究表明，随着国民经济和社会的进一步发展，文化产业对于未来地区社会经济转型、国民经济的增长都会产生更积极的作用。特别是在双循环经济发展格局下，文化产业对于扩大内需、满足人们的需求具有十分重要的作用。本书将双循环时代无锡文化产业与经济增长之间的关系作为研究对象，运用产业关联等分析方法，进行无锡文化产业发展问题的讨论。通过研究文化产业与其他产业发展的影响关系等，进一步完善和丰富文化产业理论研究的成果；这对于无锡地区今后进行产业结构调整转型，提高无锡地区文化企业竞争力，乃至提升整个无锡地区文化产业的发展水平，进而推动无锡地区国民经济增长都具有一定参考价值。

1.2.2 现实意义

与传统产业不同，文化产业作为一种特殊形态的产业，具有社会和经济等双重属性。无锡地区作为国内国民经济和社会发展较为发达的地区，文化产业已取得了一定的发展成果，但也存在着一定的发展问题。面临双循环经济的发展格局，无锡文化产业在发展实践中需要进行进一步的探索和研究。不仅需要对自身发展实践中遇到的产业布局、产业创新、技术应用等实际问题进行再思考，也要思考如何通过"文化+"的方式，更好地实现与地区其他产业的融合发展，带动更多的内循环消费，扩大市场规模，创造更多的经济价值，体现更多的产业经济特性。同时，也要在如何利用文化产业的社会属性，在文化历史传承、城市形象发展、人文环境优化等方面更多地体现无锡文化特色等方面进行积极探索。

1.3 研究方法

本书的研究方法主要有文献分析法、案例研究法、实证分析法和规范分析法。

1.3.1 文献分析法

充分利用无锡职业技术学院、无锡图书馆等，广泛收集本研究课题所需的文化产业领域的最新中外理论研究成果及实践动态，主要是对我国目前的文化产业发展现状，双循环经济发展格局下文化产业所呈现的特征和发展趋势，以及国内主要城市文化产业发展经验、成功经验和发展现状做深入的了解和分析，为各个子课题的进一步研究提供理论依据、已有数据和实践资料。

1.3.2 案例研究法

由于本研究涉及的产业类型众多，而且差别较大，无法对每一个类型进行详细的研究，因此本研究将采用案例研究法。本书将选择与无锡城市发展相当的部分国内城市的文化产业发展案例，以及近几年无锡文化产业发展的成功案例，进行研究分析，通过探寻这些案例的历史路径和成功经验，为本书进一步研究提供相关借鉴和参考。

1.3.3 实证分析法

基于相关的研究理论和实践分析，本书将进一步采用实证分析法，对无锡文化产业与国民经济和社会发展体系中的其他产业、行业，以及地区经济增长等问题进行研究分析。在研究技术路径上，本课题将选用 SPSS、Eviews、GM 等多种统计软件，分析来自相关统计年鉴和实地调查的各类统计数据，对无锡文化产业的相关数据、影响因素等进行统计分析研究，强化实证研究的基础论点。本书的定量研究方法中的数据采纳主要包括时序分析和截面分析。使用上述数据分析主要是为了揭示文化产业结构的演变规律和文化产业结构与经济增长之间的关系，找出其中的发展规律，从而指导无锡文化产业的发展。

1.3.4 规范分析法

根据研究设计安排，本课题将在实证研究结果基础上，进一步运用规范分析法，提出研究者自己的价值判断，分别从理论创新、实践操作和政策制订层面提出双循环经济发展时期下无锡文化产业构建的建议和措施。

1.4 研究框架

本研究共分为七个部分。

第一章为绪论部分，对本书的研究背景、研究目的和意义做了阐述，并提出了本研究所用的方法，以及本书的主要研究框架和内容。

第二章为文献综述部分，对本书研究涉及的主要理论文献进行总结归纳，包括双循环经济、文化产业、经济增长等理论综述。

第三章为双循环时代下的文化产业发展部分，主要对双循环时代下文化产业的发展特征，以及文化产业与社会经济发展之间的影响关系进行研究分析，包括对国内典型城市文化产业发展的案例进行分析总结。

第四章为无锡文化产业与经济发展部分，主要对无锡社会经济发展概况以及文化产业发展现状进行总结分析，包括选取无锡文化产业发展的典型案例进行分析，以及针对无锡文化产业发展过程中存在的问题进行总结和分析。

第五章为无锡文化产业与经济发展关联的效应部分，主要运用灰色关联法、主成分因子分析等方法，对无锡文化产业与社会经济发展及其他行业的关联度进行研究分析，及对可能对无锡文化产业发展产生影响作用的因素进行研究分析。

第六章为无锡文化产业与经济发展影响的效应部分，主要运用 ADF 检验、格兰杰检验、全要素生产率（TFP）、多元回归等方法，对无锡文化产业对经济发展的影响等问题进行研究分析。

第七章为无锡文化产业高质量发展的建议部分，主要对无锡文化产业与经济增长关系的研究进行分析总结，分别从政府、行业、企业等三个层面为推动无锡文化产业高质量发展提出建议、对策。

1.5 本章小结

本章主要对本书研究可能涉及的研究方法以及文章的主要框架进行了说明。

第二章 文献综述

2.1 双循环经济

循环经济一词最早是由英国环境经济学家皮尔斯（Pearce）和特纳（Turner）在 1999 年提出的，他们所写的《自然资源和环境经济学》的第二章的标题就是"循环经济"，试图依据可持续发展原则建立资源管理规则，并建立物质流动模型。2020 年 4 月 10 日，习近平总书记在中央财经委员会第七次会议上强调，要构建以国内大循环为主体、国内国际双循环相互促进的新发展格局。2021 年 3 月，《中华人民共和国国民经济和社会发展第十四个五年规划和 2035 年远景目标纲要（草案）》正式对外公布。该草案提出，加快构建以国内大循环为主体、国内国际双循环相互促进的新发展格局。双循环发展理念提出后，国内以双循环经济为主题的研究开始出现，研究方向和角度丰富，不仅探讨了双循环经济下的国内外形势、经济新格局的构建问题，还探讨了理论机制、实施路径等。

2.1.1 双循环经济的科学内涵

2020 年"双循环"新发展格局一经提出，双循环经济就成了当下的热点，学者们纷纷开始探讨其内涵。有学者认为双循环经济包含国内和国际两个循环：国内循环是核心，是国际循环的根基；国际循环是国内循环的延伸，最终形成一个整体循环。国内循环和国际循环两者相互作用，互为"双循环"。作为根基点的国内循环，需以创新技术培育新的经济增长点，完善内需机制，提升开放水平，进而形成国内国际互补的双循环格局。而其中发展国内循环的重点在于空间重构，即打通传统产业链供应链的"堵点痛点"，优化各流通要素，挖掘内需潜力，培育技术创新能力，提高供给侧、需求侧的市场竞争力，增强区域发展的协调力，以此推动区域的高质量发展。

综上所述"双循环"经济的科学内涵本质上就是促进我国经济的高质量高速发展。稳固国内循环的主体地位，利用内需潜力，充分激发国内经济发展活力，同时要提高对外开放水平，兼顾国际循环，进而做到国内国际市场互联互通，内外循环不断为我国经济发展输送动力，实现可持续性。国内各地区更是可以结合各自的资源禀赋和市场空间，大力发展地区特色产业，推动产业结构的转型。

2.1.2 双循环经济的现实逻辑

新时代为什么要构建"双循环"经济？在当前复杂多变的国际大环境中，"双循环"经济的构建有利于我国应对逆全球化现象，有利于我国经济的高水平发展。之前以国际循环为主导的经济模式在一定程度上增加了国内经济发展受国际形势变化影响的风险，消费、投资和出口间的发展差距遏制了经济发展的内生力，国际分工中国内产业链水平较低限制了经济发展，所以现实上我们也需要构建以国内循环为根基的双循环经济。国内有着实现构建双循环经济新格局的制度、供给和需求底子。

综上所述，新冠疫情的暴发使我国出口受阻，同时也揭露了我国外贸依存度较高，经济发展依托外界的程度较高，内需受到束缚。整体经济容易受到外部的影响，自身创新受到限制，经济转型是必然之举，"双循环"经济新发展格局由此提出。在此背景下，国内各地区需要努力提升自身的经济动能，弥补发展的不足之处，追赶经济高速发展地区的发展步伐。

2.1.3 双循环经济的格局构建

如何构建"双循环"经济新发展格局是目前我国需要解决的一大难点问题。要构建经济发展新格局就要瞄准"双循环"的市场需求，畅通其物流，实现需求侧与供给侧的有效衔接，并且同时从供需两端入手，挖掘消费潜力。要构建"双循环"经济新发展格局必须以扩大内需为落脚点，做到通盘筹划、不可偏废，使"双循环"真正循环起来；坚守"链条定律"，确保产业链供应链基础稳固、可控可靠；将创新放到核心位置，包括强化自主创新能力、加强关键领域的创新、推进开放创新。"双循环"新发展格局就是在国内大循环畅通的基础上，推动对外开放水平层次的提升；内外兼顾，充分利用国际国内的市场和资源。

综上所述，我国"双循环"经济新发展格局的构建，是以国内大循环为根本，在保证国内经济循环畅通的同时进行更高层次的对外开放，国内国际循环两者相互统筹、相互交融。在具体做法上可以打通供需两端，挖掘国内市场的潜力，促进消费升级，并保证供需之间的畅通。且内外经济的循环，都需要畅通和优化社会生产总过程的各个环节，如加大对新理念、新科技、新经济、新基建、新机制的耦合与利用，促进国内大循环，推动我国经济的高质量发展，再如重视产业链的发展，推动其不断创新。国内各地区可以整合自身的市场资源，充分挖掘潜在的消费市场，广泛应用新科技，加快产业现代化的进程，抓住"双循环"为其带来的经济高质量发展的机遇。

2.1.4 双循环经济可持续发展

"双循环"经济使我国从目前经济发展的困境中解脱了出来，为经济发展开辟了新的道路，有利于经济的长期可持续发展。高质量发展"双循环"经济要以需求拉动供给，以科技拉动创新，培育原创能力，激发经济活力，创建高标准的市场体系。在双循环经济的大背景下，我国企业中的中小、新基建相关领域以及国内互联网产业都有着巨大的发展机遇。此外，"双循环"经济想要持续发展，不能关门发展，一意孤行，需要提升对外联系的水平，借助国际循环要素的优化，反推高水平的创新链发展，完善国内循环。

综上所述，"双循环"新发展格局是我国经济可持续发展的指明灯。一是要充分利用潜在的国内消费市场，不断扩大内需，形成良好的国内经济循环体系，进而有效应对日益增长的国际经济环境风险；二是要促进国内产业链的转型升级，提升价值链，提高自主创新能力，及时应对国外"卡脖子"核心技术带来的风险；三是在盘活国内经济循环的基础上，进行高水平、高梯次的对外开放，融入全球经济，推动国际循环。全国各地区想要融入双循环经济，更是需要提升自身的经济治理能力，调动各地市场的积极因子，促进本地经济的可持续发展。

2.2 文化产业理论

作为社会经济结构重要的组成部分之一，文化产业兼具社会和经济双重属性，它既是我国的基础性产业，又是凝聚社会公众精神文明的核心产业，对于社会经济发展具有极强的促进作用，更是产业结构优化和社会经济发展新的增长点。

2.2.1 文化产业的概念界定

文化产业在我国虽然起步较晚，但是发展迅速。从发展历程来看，文化产业是伴随着第三产业的逐步发展壮大起来的。一般认为文化产业以创意为核心，以文化为灵魂，以科技为支撑，以知识产权的开发与运用为主体，以提供满足广大人民群众对美好生活追求的文化产品或服务为目标。因此，文化产业又被普遍认为是知识密集型和智慧主导型战略产业。文化产业因具备典型的低能耗、高附加值、绿色环保等特征，使国家和地区产业供给结构能够更好地适应变化，为国民经济的转型升级与提质增效提供了经济新动力。

关于文化产业的概念界定，世界各国的提法和定义并不完全相同，韩国称其为"文化内容产业"，英国、新西兰、新加坡等称之为"创意产业"。从我国的研究情况看，党的十五届五中全会首次将文化产业写入中央文件，之后国内学者陆续根据我国实际情况开展了文化产业的研究，从不同视角提出了具有不同定义特点的定义概念。经过多年的研究，目前国内关于文化产业概念的认识趋于统一，大多数学者都认为文化产业属于现代新兴产业范畴，具有社会生产的基本特征，依托信息技术和互联网、大数据产业将传统文化产业和现代科学技术结合起来。同时，也有学者为了顺应信息化和新经济时代的特征，提出"文化创意产业"的概念。但是从实质上来说，这两个概念并无本质区别。

2.2.2 文化产业分类及业态

文化产业是指为社会公众提供文化产品和文化相关产品的生产活动的集合。参照《文化及相关产业分类（2018）》，文化产业总体分为两块，即文化核心领域和文化相关领域（见表2-1）。前者是以文化为核心内容，为直接满足人们的精神需要而进行的创作、制造、传播、展示等文化产品（包括货物和服务）的生产活动，具体包括新闻信息服务、内容创作生产、创意设计服务、文化传播渠道、文化投资运营和文化娱乐休闲服务等活动；后者是实现文化产品生产所需的辅助生产活动，具体包括文化辅助生产与中介服务、文化装备生产和文化消费终端生产等活动。根据国民经济行业分类标准，文化产业共有9个大类和156个小类，涉及文化制造业、文化批零业和文化服务业，分别涵盖56个、23个和77个行业活动，但根据《文化及相关产业分类（2018）》标准，凡属于住宿餐饮、宗教、旅行社、体育、国民教育等行业的活动均不纳入文化产业的统计范畴。

表 2-1 文化产业分类目录

文化核心领域	新闻信息服务	新闻服务、报纸信息服务、广播电视信息服务、互联网信息服务
	内容创作生产	出版服务、广播影视节目制造、创作表演服务、数字内容服务、内容保存服务、工艺美术品制造、艺术陶瓷制造
	创意设计服务	广告服务、设计服务
	文化传播渠道	出版物发行、广播影视发行、广播电视节目传输、艺术表演、艺术品拍卖与代理、互联网文化娱乐平台、工艺美术品销售
	文化投资运营	投资和资产管理、运营管理
	文化娱乐休闲服务	娱乐服务、休闲观光旅游服务、景区游览服务
文化相关领域	文化辅助生产与中介服务	文化辅助用品制造、文化设备及用品出租、版权服务、印刷复印服务、会议展览服务、文化科研培训、文化经纪代理服务
	文化装备生产	印刷设备、演艺设备、广播电视电影设备、摄录设备、游乐园艺术设备的制造和销售
	文化消费终端生产	文具、玩具、笔墨、节庆用品以及信息服务终端的制造和销售

新闻信息服务：不仅包含新闻、报纸、广播电视服务等传统的信息服务类型，还包括互联网的信息服务，实现了线上、线下新闻信息服务的融合。2020年新冠疫情来袭时，各个产业都遭遇巨大冲击，但新闻信息领域逆势增长，同比增长11.6%，文化产业作为第三产业在促进经济增长以及优化产业结构方面正在起着至关重要的作用。

内容创作生产：随着各种社交媒介的兴起，内容创作生产发展迅速，曾经由专业媒体及媒体工作者独占传播内容生产、占据内容创作生产主体地位的状态已经彻底改变，大众传播时代个体用户、机构内容生产日益增多，使得出版服务、广播影视节目制造等都得到了变革性发展。与此同时，工艺美术品制造等涉及诸多实体的工艺品制造也为文化内容的创作生产添砖加瓦。

创意设计服务：涉及两个类别，一是广告服务，主要指互联网广告服务及其他广告服务；二是设计服务，其是本类目的重点，也是我国文化产业的重点，在推进文化产业发展的相关政策文件中,曾多次强调创意设计与其他产业的融合发展推动了我国文化产业的供给侧结构性改革。

文化传播渠道：涉及出版物发行、广播影视发行、广播电视节目传输、艺术表演、艺术品拍卖与代理、互联网文化娱乐平台、工艺美术品销售七个领域。其中广播电视节目传输,主要指的是广播电视、电影的发行和放映；艺术表演,是指场馆内的艺术表演行为以及相关的设备和管理等；艺术品拍卖与代理,指的是艺术品、收藏品等的代理及拍卖；工艺美术品销售,则指工艺品、收藏品以及珠宝首饰的批发或零售等。总体来看,七个文化传播渠道主要对应文化产业内的不同产业类型,这其中有传统文化产业,也有新兴文化产业,每一种产业类型均能够实现对文化的传播,而互联网平台的加入使得文化传播的效果更加高效,渠道更加多元化。

文化投资运营：涉及两个类别,一是投资和资产管理,是指政府对文化产业投资进行的一系列管理工作（资本市场投入未在此管理之列）；二是运营管理,主要是政府对文化企业总部和文化产业园区的管理。

截至目前,在文化投资运营领域,我国政府投入的资金七成以上流向了运营管理领域。而文化产业投资运营的资金来源更多来自二级市场,融资渠道包括债券、信托、私募股权、新三板等,这种融资方式既增强了文化投资运营的多样性,同时也为我国文化产业的发展提供了资金动力。

文化娱乐休闲服务：涉及三大类,一是娱乐服务,主要包括歌舞厅、网吧等室内场所提供的娱乐活动和游乐园、公园、海滩等室外场所提供的娱乐活动；二是休闲观光旅游服务,指的是休闲观光旅游活动,以及相关的观光游览航空服务和相关的农林牧渔、制造业等的生产；三是景区游览服务,包括城市公园、风景区以及其他游览景区的管理活动。受益于国民经济水平的不断提升,人们的消费水平显著提高,消费能力大幅提升,居民文化消费在消费中的比重会越来越高,由此文化娱乐休闲服务方面发展迅速。2019年起,我国文化娱乐休闲服务比例开始上升,在文化企业总收入中占比1.8%,相比2016年增加了0.3个百分点,在过去的几年时间里,文化娱乐休闲服务企业的收入规模复合增长率达到8.4%,进一步推动我国文化产业向前迈进。

文化辅助生产与中介服务：涉及文化辅助用品制造、文化设备及用品出租、版权服务、印刷复印服务、会议展览服务、文化科研培训、文化经纪代理服务七个类别。文化辅助用品制造主要指文化用机制纸制品制造；文化设备及用品出租指的是休闲娱乐用品和文化用品设备的出租服务；版权服务除了字面意思外还包括文化软件服务；印刷复印服务包括书、报刊、包装等的印刷与装订服务；会议展览服务指的是会议、展览及其他相关形式活动的服务；文化科研培训主要指社会人文科学研究等方面的培训；文化经纪代理服务是针对文化娱乐活动开展的相关活动及代理活动。文化辅助生产与中介服务对象广泛，是我国文化产业的重要组成部分，对推动文化产业的发展同样具有重要意义。

文化装备生产：涉及印刷设备、演艺设备、广播电视电影设备、摄录设备、游乐园艺术设备五个类别的制造和销售。印刷设备指的是印刷专用设备以及复印、胶印设备；演艺设备包括舞台、场地及相关设备；广播电视电影设备指的是广播电视节目制作及发射设备；摄录设备指的是录放设备等；游乐园艺术设备包括室外露天设备和室内游艺用品及器材。可以说文化装备生产是文化产业发展的基础性产业、保障性产业，只有文化装备生产得到有效保证，才能促进文化产业其他分类的发展。

文化消费终端生产：包括文具、玩具、笔墨、节庆用品以及信息服务终端的制造和销售。所谓信息服务终端，包括电视机、音响设备以及其他文化用品等。文化创新产品开发的核心在于开发"文化"，这一目的若想实现，必须要有充分的载体进行拓展，因此文化消费终端的生产就显得尤为重要，它是文化创新产品开发的外在推力。

2.2.3 文化产业的主要特性

结合前文关于文化产业的概念界定和分类，可以将文化产业的特性归纳为以下四个方面：意识形态渗透性、经济属性、社会属性以及技术赋能。

1. 意识形态渗透性

习近平总书记强调："文化产业既有意识形态属性，又有市场属性，但意识形态属性是本质属性。"与其他产业不同，文化产业本质上具有意识形态导向作用，其发展是由"主观意见"构成的，这些"主观意见"的核心就是价值观，这些"价值观"又会被文化产品以不同的形式表现出来。所以说，意识形态属性是文化产品的基础，想要生产出较好的文化产品，就必须把控好其文化内涵，在文字、图片等基础上通过包装等形式加以转化，最后得到比较抽象的实体。这样的实体是否能够满足人类主体的精神需求、占领市场，关键要看这类文化产品蕴含的精神要素与文化价值是否能够深入人心，激发共鸣。倘若文化产品被社会大众所接受，其中的价值观就会对社会大众产生一定的影响。比如广播影视、图书报刊、游戏等产业，其数字化内容所占比重大，且内容涉及价值观、人生观以及各种知识等，丰富的心理、感官体验让其具备了很好的传播渗透性。

2. 经济属性

文化产业有其经济属性，将文化产品的消费额度汇总就可以转变成文化产业的经济收益，一定时期内，社会消费中的文化产品越多，文化产业创造的经济收益就越多。因此，文化产业中的文化产品拥有良好的经济价值属性，拥有经济形态的文化产业能够获得更多利润，能为文化产业提供良好的物质基础。但需要注意的是生产文化产品不能简单地复制物质商品的工作步骤与流程，文化产品的提供者在获得经济收益的同时，还应当维护好消费者的权益，增强文化产业创造力度，借助多种方式满足不同层次的需求。

3. 社会属性

因为文化产品富有意识形态的影子，文化产品中的价值理念、精神文化对使用其的主体的思想具有潜移默化的影响。所以，在文化产业范畴内，其社会属性一直是放在第一位的。邓小平曾经指出：卫生部、教育部、文化部和思想部都需要将社会效益作为所有经济活动的实施原则，社会效益是所属企业的最高准则。在党的十六大报告中，江泽民提出：发展各种文化产业与文化事业都必须认真落实文化发展要求，将社会效益放在突出位置。要想文化产业稳定发展，必须将社会效益放在第一位，让社会效益与经济效益协调发展。

从社会属性角度来看，文化产业就是消费者在享受和参与文化产品、服务、活动时面对真假、是非、美丑、善恶等问题时所形成的价值判断和思想观念，并以此来达到维护国家安全、政党主张、族群利益、宗教权威等各种发展目的。文化产品的社会属性主要表现为：部分文化产品能够创造较好的生态效益，减少人类活动对自然环境的破坏；基于主流价值观的文化产品可以提高社会凝聚力，稳定社会秩序；多样化的文化产品不仅能够较好地传承文化，更能够带动文化产品创新，促进社会持续发展。

总体来看，文化产业的社会属性主要体现在下列三个方面。

第一，文化产业的发展有助于提升城市品位。经济、科技固然是现代城市的发展核心，但文化对城市软实力的提升更为重要，且城市文化产业的发展会相应提升城市形象、城市精神、城市凝聚力，这是现代城市可持续发展的重要保障。

第二，文化产业的发展有助于社会稳定。图书馆、陈列馆、博物馆等文化产业中的公益性文化机构展现了城市的历史底蕴与发展精神，这些宝贵的城市文化资源有助于凝聚市民的精神文化，使其热爱城市，从而形成更为稳定的城市氛围。

第三，文化产业的发展提供了丰富的就业岗位。文化产业涉及 9 个大类和

156个小类，就业岗位众多，尤其对于大学生而言，入驻文化产业的吸引力较大。国家人力资源管理局数据显示，2020年全国大学生毕业人数为874万人，而仅某文化企业单季度新增作家数量已达到33万，文化产业庞大的人力资源需求极大地丰富了就业渠道。

4. 技术赋能

当今时代，科技已然成为文化产业发展不可或缺的助推力。数字技术使文化产业从未赋能到技术加持再到技术赋能，从赋能消费者到赋能生产者、赋能创意者、赋能社交行为，整个文化产业都在焕发新的生命力。纵观当前文化产业的创作、生产、传播、消费等全链条，都能够看到技术赋能对其的促进作用。

比如文化创作，互联网的诞生提高了文化创作频次，丰富了创作素材，提升了创作质量，繁荣了创作市场，并在此基础上出现了定制化服务，所创作的作品就更符合消费者的需求，增加了文化创作者的收益，让文化产业的经济效益越发显著。

比如文化生产，从文字到图片再到视频，不仅增强了文化的趣味性，也使消费者接受程度更高。以传统文化产品为例，图片类文化产品已经开始淘汰文字类产品，而视频类文化产品无疑成为当前的主流。在技术赋能的影响下，文化产业开始批量化生产，这不仅决定了文化产品的形态和展示方式，也让更多的消费者能够随意选择各式各样的文化产品。

比如文化传播，互联网的提速作用显而易见，比起传统的书籍、杂志、报刊，互联网的传播速率无限加快，呈现出几何式增长，微博、微信、短视频等数字技术工具，能够让文化产品在短时间内实现大力度的传播，这一方面能够让消费者快速接收文化信息，另一方面也加速了文化产品的更新迭代。而这种文化产品更新速率的提升，势必会迎来文化产业的更大繁荣。

比如文化消费，随着现代网络支付工具的盛行，文化产品消费的便捷性显著增强，消费者可以随时随地在网络中购置文化产品，也可以随时通过电子支付购买电子文化作品，移动支付的便捷性也变相促进了文化产业的繁荣。

综上，技术在文化产业的创作、生产、传播、消费中都有着积极表现，由于数字技术与文化产业的高度适配性，所以文化产业能够成为技术赋能的新宠，现代互联网技术赋了人们获取、生成、储存、处理各类文化的能力，这种能力恰恰是传统文化产业发展的瓶颈，以往的文化受困于低效率的生产、传播、消费，导致文化仅能以小范围的形式出现，而随着数字技术的不断发展，这些问题迎刃而解，进而造就了文化产业的繁荣。

2.3 经济增长理论

经济增长即一个经济体在一定时期内的社会总产出与前期相比实现的增长，这种增长基于产出主要表现为生产要素数量的增加和生产要素使用效率的提高，基于人口因素则表现为人均产出（或人均收入）水平的增长。

2.3.1 经济增长的内涵概念

经济增长研究领域的一个重要话题就是探寻经济增长的内涵、本质，研究经济增长内涵的要点经历了由数量到质量的发展过程，经济学家起初较为关注经济增长的速度和规模，通过国民生产总值来测度经济增长的成效。但当经济增长以数量扩张为关注核心时，实践中就涌现出资源短缺、环境破坏、创新乏力以及经济结构失衡等一系列问题，学者们又开始研究经济增长质量这一问题，所以说经济增长质量是经济增长数量发展达到一定阶段后的必然产物，从"量"到"质"的改变，体现了我们对经济增长优劣的判断，如今的经济增长既包含经济增长数量的扩张，又包含经济增长质量的提升，充分体现了量与质的统一协调发展。

2.3.2 经济增长的主要类型

经济增长类型就是推动经济增长的各类生产要素的投入及组合方式，有学者认为经济增长类型具体是指经济增长的动力结构和资源配置方式。因此经济增长类型与要素投入种类、投入结构、实现手段、路径选择都有紧密关联，要素投入积累和生产效率提高对经济增长的不同影响程度，形成了粗放型和集约型两种经济增长类型。

粗放型经济增长类型以大规模生产、强调经济增长速度为基础，其特点是将资本、劳动及土地等资源作为驱动力，表现出成本高、消耗高、污染高、经济效率低等特征；集约型增长类型则以提高生产要素的利用效率为基础，强调经济增长质量，其特点是依托技术创新和效率提升驱动经济增长，表现出成本低、消耗低、污染低、经济效率高等特征。

这两种经济增长类型在实际发展过程中会以不同的主导地位组合并存，当经济追求高速增长时易显现出粗放型的经济增长类型，但随着资源环境的约束其负面影响也会日益凸显，经济难以实现持续增长。因此想要谋求经济可持续高质量发展，经济增长方式就必须转变，改变经济增长的动力机制，通过科技进步、管理创新和劳动力素质提高等方式推动经济增长，提高全要素生产率对经济增长的贡献，实现经济增长类型由粗放型向集约型的转变。

2.3.3 经济增长的测度方式

1. 狭义视角测度经济增长

从狭义视角测度经济增长，其衡量的核心指标是全要素生产率，强调转变经济增长方式就是要提升全要素生产率对经济增长的贡献率。而要采用全要素生产率这一指标来估算经济增长质量，其方法可分为参数法和非参数法两大类，参数法指的是索洛残差法、隐性变量法、随机前沿分析法；非参数法主要是 Malmquist 指数法。但由于在内涵理解上有可能存在差异，所以全要素生产率测算法在合理性和可行性上会有一定局限。

狭义视角测度经济增长常用的测量模型如下。

（1）C-D 生产函数模型

C-D 生产函数模型是 Solow-Swan 经济模型的一个具体形式，美国经济学家阿绍尔（Aschauer）基于时间序列数据利用 C-D 生产函数实证分析了美国交通基础设施建设与经济增长之间的关系；而后我国学者也使用 C-D 生产函数测算了中国经济的增长质量，分析了我国经济增长的粗放与集约程度；近些年更是有不同学者从不同角度使用 C-D 生产函数模型来分析我国的经济增长质量。

（2）DEA-Malmquist 指数模型

DEA-Malmquist 指数模型融合了非参数线性规划法与数据包络分析法两种分析方法。需要注意的是使用 DEA-Malmquist 指数模型测算时要假设规模报酬不变，当周期内社会报酬发生变化时容易估算出与实际不符的情况。

（3）Hicks-Moorsteen 指数模型

为了摆脱使用 DEA-Malmquist 指数模型分析法规模报酬不变的假设，奥唐奈（O'Donnell）基于总量分析框架提出了 Hicks-Moorstee 指数模型；随后，就有国内学者利用该指数模型实证分析了中国高科技产业的高质量发展问题。

2. 广义视角测度经济增长

从广义视角测度经济增长，主要是要实现对经济增长质量的综合度量。具体操作上可使用熵值法、主成分分析法、层次分析法等多种方法对评价指标进行赋权，并在此基础上构建经济增长质量综合评价指标体系。有学者构建了经济增长协调性、稳定性、增长潜力、持续性四维度评价指标体系，并结合使用多目标决策的密切值模型来对经济增长质量进行综合评价；还有学者从经济增长的结构和稳定性、成果分配与福利变化、资源利用以及生态环境代价等多方面分析经济增长质量，并使用主成分分析法来开展多指标综合评价。表2-2为经济增长测度方法比较。

表2-2 经济增长测度方法比较

	方法	基本公式	优缺点
狭义视角	C-D生产函数模型	Y=AX1b1X2b2 其中，Y为国内生产总值，X1为固定资产投资总额，X2为社会就业人员总数，A为结构参数，b1、b2为产出弹性	具有较好的可扩展性，能够降低均方估计误差，但使用条件约束性较大，且存在假设失效的风险
	DEA-Malmquist指数模型	M0=Effch×Techch 其中，Techch为技术进步指数，Effch为技术效率指数，M0为全要素生产率	不需要设定具体的生产函数形式，并可将TFP分解，但测量结果易出现技术退步与经验相悖
	Hicks-Moorsteen指数模型	TFPt=Q(yt)/X(kt, It) 其中，Q(yt)为t期产出聚合函数，X(kt, It)为t期投入聚合函数	摆脱了DEA-Malmquist指数模型存在的规模报酬不变的严格假定
广义视角	多目标决策模型	投影寻踪法：maxQ(α)=Sz 其中，α为优化权重变量	对复杂高维数据变量的权重确定具有稳健性和合理性
		密切值法：Ci=di＋/d＋-di－/d－ （i=1，…，m）	计算简便，评价结果客观性强
	综合指数模型	$\delta t=\sum ai\sum(bjkj,t)$ i=1, j=1, t=1 其中，ai、bj分别表示二级、三级指标权重；kj, t表示指标第t年的质量符合指数	通过指数来综合量化，但属于线性评价，存在一定局限性

2.4 本章小结

本章对与研究相关的基础理论，包括双循环经济、文化产业理论、经济增长理论等进行了阐述，为本书进一步研究无锡文化产业与经济增长问题提供了可借鉴的理论分析基础和框架。

第三章 双循环时代下的文化产业发展

3.1 双循环时代下文化产业的发展特征

2021年十三届全国人大四次会议通过《中华人民共和国国民经济和社会发展第十四个五年规划和2035年远景目标纲要》，作为我国未来五年经济发展战略和路径的重大战略部署，该规划纲要中提出要加快构建以国内大循环为主体、国内国际双循环相互促进的新发展格局，双循环时代正式到来。

双循环经济时代下文化产业应对现实挑战、实现高质量发展的主要方法就是构建文化产业双循环发展体系。该体系也由国内循坏和国际循环两部分构成（见图3-1），其中国内循环较为复杂，包括产业链循环、产业内循环、产业间循环和区域间循环四个部分。国内循环的关键在于深挖内需潜力，刺激消费市场，提升产业链现代化水平，推动文化产业内不同细分类别以及相关产业间的融合发展，促进区域间协调发展。国际循环则要扩大对外开放水平，有效利用国外的市场空间与要素资源，提升我国文化产业在全球价值链分工中的地位，增强国际竞争力，提高国际传播力。文化产业的双循环发展也要立足国内，以新产品、新业态、新模式推动产业转型升级，并在此基础上塑造文化品牌，开拓海外市场，最终，通过国内和国际两个市场、两类资源、两种循环共同推动文化产业高质量发展。

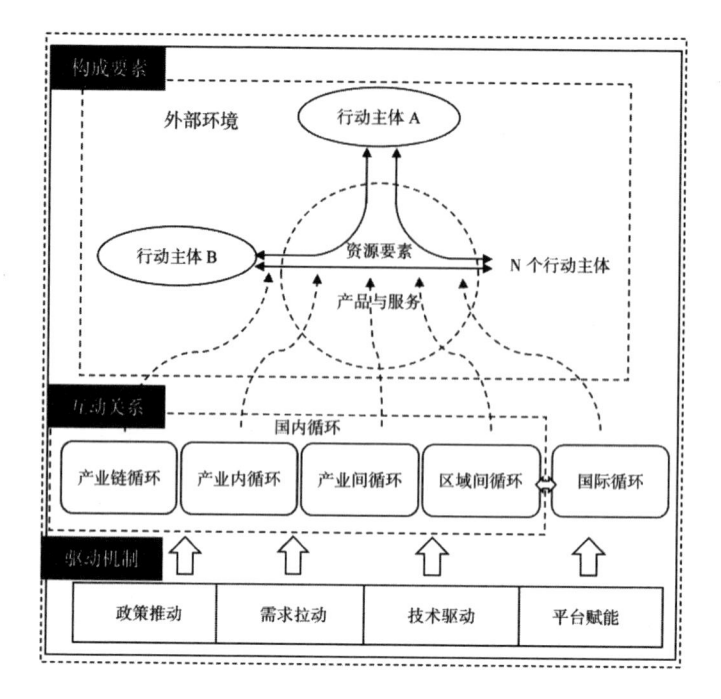

图 3-1 文化产业双循环发展体系的基本框架

3.1.1 文化产业链循环促进产业提质升级

在文化产业双循环发展体系中，产业链循环占据基础性地位。创作者、生产者将文化创意转变为文化产品与服务，通过各种传播渠道到达消费者，消费者在消费后以货币形式补偿创作、生产、传播环节消耗掉的资源要素，同时提供反馈信息，形成产业链循环。文化产业双循环发展首先就是畅通产业链的供需循环。从需求侧来看，消费者的文化消费能力与意愿不断提高，文化消费市场不断扩大。

从供给侧来看，这有利于文化行业提供优质的文化产品与服务，满足消费者的文化消费需求，促进产业提质升级，培育新型业态，为产业高质量发展注入新动能，激发文化消费潜力。产业链循环是否畅通、动力是否强劲，是文化市场规模与效益的决定因素。通过畅通文化产品与服务、文化消费需求偏好的流动渠道，形成产业链供需的良性循环，这不仅有利于实现供给与需求的有效匹配，进而解决结构性矛盾问题，也有助于推动文化产业融合创新，从而创造更多的市场机会和空间，促进文化产业市场规模不断增长。

3.1.2 文化产业内循环扩大产业整体效益

产业内循环表现为资源要素在文化产业不同细分类别之间的循环。典型代表是以文化创意 IP 为核心的产业链循环，网络文学、出版物、电视剧、电影、游戏、动漫等产业类别之间互相连通、彼此转化，实现文化创意 IP 的多元化开发与运营，打造文化品牌。

通过完善健全产业内循环的模式、平台、渠道、机制持续推进文化 IP 内容产业的升级优化，这不仅有助于畅通流转内容、人才、技术等要素资源，同时也优化了要素资源配置。应该说，产业内循环推动了文化产业不同细分类别的转型升级，也促进了不同领域文化企业的彼此合作。

3.1.3 文化产业间循环发挥产业赋能作用

文化产业具有明显的融合特性，与其他相关产业之间存在较强的联动性和渗透性。而产业间循环指的就是文化产业与相关产业之间的循环。文化产业不仅通过生产和销售文化产品与服务影响其他产业，更重要的是将文化创意作为资源要素提供给其他产业进行产品与服务创新，提升其内涵品质，促进营销推广，为非文化产业（如旅游业、制造业等）带来竞争优势以及更高的附加价值。反过来，其他产业也可以为文化产业提供资金、技术等资源要素，创造新的消费业态、场景，拓展发展空间和消费市场，提升商业回报，推动文化产业升级。应该说，随着文化生产和文化消费的动态化、智能化、数字化，以及创意、资本、技术、人才等产业链各要素的系统整合，"文化+"产业融合发展已成为未来文化产业发展的趋势。

3.1.4 文化产业区域间循环优化空间布局

区域间循环指不同区域文化产业之间的循环。区域间循环有两种形式，一种是产业集聚、协同发展，比如文化产业园区、创意街区、创意城市、文化产业群、文化产业带等；另一种是优势互补、合作帮扶，比如资源禀赋、发展水平等存在差异的不同区域的文化产业协调发展，发达地区和欠发达地区之间的交流与合作。区域间循环基于以产业集聚、协同发展为内核的区域循环，促进资源要素的流动和优化配置，实现关键资源要素的积累、共享及高效利用，从而发展壮大文化产业，撬动文化消费市场，建立区域特色文化品牌。

对于大城市来讲，培育强大的文化产业集群，已成为其增强文化软实力的关键举措，比如京津冀、长三角、粤港澳等文化产业群都利用区域优势，积极推动一体化发展，提升其文化市场的竞争力。对于农村及欠发达地区来说，则需要通过合作帮扶、优势互补的区域循环来解决其文化产业发展不均衡的问题，开发当地特色文化资源，发展下沉市场，获得商业回报。

3.1.5 文化产业国际循环提升产业软实力

文化产业双循环发展以国内循环为主体，但也要重视国际循环。全球经济一体化背景下，文化产业发展不能局限于国内的资源和市场，要加强与其他国家文化产业领域的合作与交流。国际循环是指全球文化产业体系大循环中的资源要素、产品与服务的跨界流动。具体操作上就是文化企业通过与国外企业进行贸易活动、开展交流合作以及向国外转移生产能力等方式在全球范围内配置资源、整合价值链。这不仅是文化企业自身发展的需求与机遇，也事关国家文化软实力和核心竞争力。但排斥效应和挤出效应是限制我国文化企业参与国际循环的主要因素，也是发达国家企业阻止发展中国家企业成为竞争对手的行为，因为发达国家不愿看到发展中国家超出预期的价值创造活动，所以发展中国家的企业很难占据全球价值链的高端位置，这也是造成当前中国文化产业参与国际循环时形式模仿多、内涵独创少的主要原因。随着全球经济下行压力的增大，单边主义、保护主义在西方发达国家滋生蔓延，各国法律法规、文化产业政策、文化市场监管机制、文化贸易规则之间存在差异，甚至会限制文化资源要素、产品与服务的跨国流转，进而导致国际循环出现阻点、断点。

对此，首先要构建强大的国内文化产业体系，坚定文化自信，以社会主义核心价值观为引领，推出更多体现中华文化精神、增强文化认同并且具有自主知识产权的文化产品与服务，通过文化原创战略，全面提升文化产业的层次和水平，为实施文化"走出去"战略奠定重要基础。其次，要顺应文化产业数字化的发展趋势，通过构建国际文化交流合作平台，发掘国外优秀的文化创意要素资源，拓展海外市场，畅通国际循环。最后，要扩大对外文化贸易，加强国际文化合作，充分利用国际文化市场和资源，为文化产业的发展创造有利的外部条件，并提高其国际竞争力和影响力，进而为提升国家文化软实力和国际话语权提供重要支撑。

总之，双循环时代下想要实现文化产业的高质量发展，需要做到以下几点：

第一，站在系统发展观的角度，促进产业链、产业内、产业间、区域间以及国际循环，在需求、技术、政策的联合驱动下，推动文化产业的转型与升级，建立健康有序、良性互动的现代文化产业体系。

第二，以内循环为主体，在经济效益和社会效益相互统一的前提下，推进供需动态平衡。

第三，要实现内外循环相互促进，提升国际竞争力和中华文化的影响力。

第四，要加强文化产业政策的引导与支撑，完善顶层设计，优化具体的政策措施。

第五，要提升文化产业发展的内生动力，更好地发挥需求的拉动作用。

第六，要推动文化和科技深度融合发展，促进文化产业价值链高端跃升。

第七，要培育新型文化生产与消费平台，优化资源配置，拓展消费市场。

3.2 双循环时代文化产业对经济的影响

随着2009年中国第一部文化产业专项规划《文化产业振兴规划》的颁布，文化产业被正式列为国家战略性产业，经过十多年的发展，文化产业在政府推动和政策支持下持续快速发展，在国民经济发展中的地位愈加明显，2019年全国文化及相关产业增加值为44363亿元，GDP占比达到4.5%，可以说文化产业已成为国家经济增长的新动能。如今面对全球政治经济前所未有的复杂形势，以国内大循环为主体，国内国际双循环相互促进的新发展格局必将在未来很长一段时间内影响中国经济的发展走向，而涉及面广、带动性强、开放度高的文化产业将会在新发展走向中扮演重要角色。

双循环的重心之一就是优化供给侧改革，提质增效，发掘国内消费需求，匹配消费升级。随着2019年我国人均GDP突破1万美元，国内民众的消费观念也随之发生变化，从追求物质消费转向追求精神消费，从追求数量转向追求消费品质。比如2019年国民人均支出中教育、文化、娱乐、消费的比重已经达到12.9%，人均2513元，毫无疑问作为"国民经济支柱性产业"的文化产业已经成为双循环的重要支撑，是双循环时代经济的新增长点。

3.2.1 文化产业数字化转型扩大内需

文化产业数字化转型有助于改善人们的生活，对扩大内需以及满足人们对美好生活的需求有着积极作用。庞大的互联网用户群体为文化产业数字化转型奠定了重要基础，以新一代数字技术为依托的数字文化产业链正在演变、拓展、升级。2020年新冠肺炎疫情对包括文化产业在内的所有产业都造成了巨大冲击，这同时也加速了文化产业的数字化转型，云观影、云演艺、云会展等文化新业态不断涌现，在线阅读、在线音乐、在线教育、视频平台、网络游戏等都呈现爆发式增长。以在线阅读为例，《中国数字出版产业年度报告》中显示 2020 年我国数字出版产业整体收入规模为 11781.67 亿元，相比 2019 年增长 19.23%。此外，数字出版产业的产品类型也由电子书、数字报刊逐步扩展成有声书、音视频网络课程、网络动漫、网络直播、数据库、网络信息服务等多种形态。应该说，数字技术的更新迭代推动了文化产业在内容创作、传播渠道、消费体验、商业业态等多领域的演变与创新。

总体来讲，文化产业数字化转型既缩短了供给侧需求侧两端的距离，最大限度满足了人们的精神文化需求，同时又扩大了文化行业产能，对扩大内需、畅通国内大循环有着积极意义。但需要注意的是虽然数字化转型给文化产业提供了"弯道超车"的机会，但我们国家的数字化技术在 VR/AR 技术、数字内容生产等诸多领域与发达国家存在一定的差距，对文化产业转型发展的支撑力相对较弱。

3.2.2 内外部融合释放产业间循环发展新动能

文化产业内部不同类型之间、文化产业与相关产业之间存在一定的交叉耦合关联，能够实现相互赋能。比如文旅融合，文化是旅游的灵魂，旅游是文化的载体。文化和旅游融合发展，拓展了新市场，催生了新产品，一方面更好地满足了人民日益增长的对美好生活的内在需要，另一方面作为产出效益高、发展潜力大、成长性好的朝阳产业，文化旅游产业与双循环时代的新发展理念高度契合，逐渐成为社会经济高质量发展的有力支撑。当前，内外部融合已成为文化产业间循环发展的重要动能，文化产业内部融合的模式已极为普遍，而文化产业与旅游、制造、消费品、农业、建筑业、信息、金融、体育、电商等相关产业也拓展出了多样态、多场景的深度融合。但在追求经济发展的同时需要注意不能因商业化、产业化开发损害内在的文化价值，文化产业间循环的发展需要通过不断地实践与创新去探索受到市场认可的模式与路径。

3.2.3 消费升级产业链循环供需结构性矛盾凸显

一方面，随着居民收入的不断增长，文化产业消费持续升级，居民文化消费结构和习惯也发生了改变，文化消费需求呈现出个性化、品质化、体验化、多元化等特征。以网络视频为例，《中国网络视听发展研究报告》中的数据显示，国内网络视听用户总量从 2015 年的 4.61 亿增长到 2020 年的 9.44 亿，付费用户比例从17%增长到45.5%，文化产品消费市场规模呈明显上涨趋势。类似文化消费升级带来巨大市场机遇的同时，也带来了愈加激烈的市场竞争，海量的文化产品和服务抢夺着消费者有限的注意力。以电视剧为例，国家广播电视总局的数据显示，2020年国产剧目达到202部7450集，动画片发行总量达到374部116687.5分钟，供给侧总量较大，而需求侧的主流消费群体规模增速却在放缓，市场已经在挖掘下沉市场、银发群体等文化消费的新增长点。

另一方面，"量多而质不高"的问题依然未得到有效解决，文化市场供需的结构性矛盾凸显。仍以电视剧为例，截至2021年8月，豆瓣网站共上线国产电视剧236部，其中148部有评分，平均评分6.2分，67部评分不足6分，占比45.2%，畸形审美、流量至上、违法失德等现象屡见不鲜，所以说，创意创新不足、优质产品稀缺已成为制约文化产业发展的核心问题。如何增加正确价值导向的高品质文化产品与服务供给，避免过度商业化、娱乐化，已经成为产业链循环供给侧亟待解决的问题。文化产业的发展不仅要关注经济效益，社会效益也要受到重视，不仅要以市场为导向，更要以社会主义核心价值观为引领。

3.3 国内典型城市文化产业发展的案例

智联资讯发布的《2017—2022年中国文化创意产业园行业市场深度调研及投资前景分析报告》中显示全国已初步形成六大文化产业集群：环渤海文化产业集群（北京）、长三角文化产业集群（上海、杭州、南京、苏州）、珠三角文化产业集群（广州、深圳）、滇海文化产业集群（昆明、大理、丽江）、川陕文化产业集群（西安、成都、重庆）以及中部文化产业集群（武汉、长沙）。为深入了解无锡文化产业与先进地区的差距，本书选取了部分先进地区的典型文化产业案例，简要介绍其发展情况及特点。

3.3.1 杭州着力打造数字内容产业生态圈

2002年浙江省就做出了建设"数字浙江"的重大决策。为了更好地给省内数字经济产业的发展提供系统性指导，2003年浙江省政府正式出台《数字浙江建设规划纲要》，该纲要明确提出要以信息化带动工业化，以工业化促进信息化。在此规划纲要的指导下，21世纪初杭州首次提出聚焦滨江高新技术产业建设发展"天堂硅谷"的战略，2018年又率先提出打造"全国数字经济第一城"口号。

如今，1000多家各领域龙头企业汇聚杭州，形成电子商务、云计算、大数据、数字安防等产业集群。杭州的数字发展、数字治理综合指数表现突出，《中国城市数字治理报告》显示，杭州的数字治理指数超越了北上广深四大传统一线城市，位列全国第一。

2021年，杭州文化产业增加值实现2586亿元，比上年增长8.7%，文化产业增加值占GDP的比重为14.3%。且在文化产业与数字经济融合发展的背景下，文化企业纷纷着手数字化转型发展。新冠肺炎疫情防控催生的"阅屏"需求，使得"在线新经济"找到了发展窗口，数字经济成为构建新发展格局的"新动能"。比如2021年文化产业增加值中数字内容产业实现增加值1870亿元，同比增长28.5%，增幅实现了连续12个季度超过28%的高位运行，数字内容产业增加值占文化产业总规模的65.5%。例如作为中国数字阅读大会的永久举办地，杭州已经连续三年获得"中国十大数字阅读城市"荣誉称号。杭州数字内容产业强势发展，跃居全国第一方阵，并且已成为带动文化产业向上向好快速发展的重要力量。

1. 建设数字文化馆，升级文化交互场景体验

如何让传统文化被大众尤其是年轻人所喜爱和接受，是实践文化数字化时首先要考虑的问题之一。2021年起，杭州市文化馆利用互联网经济和数字媒介，让传统文化牵手现代表达，数字化赋能文化发展，使传统文化成功出圈。数字化文化展馆的建设，就是文化与科技的交汇、现代与古老的交融，解码文化基因、探寻文化根脉、展现文化底蕴，为文化新气象、新格局注入科技和时代"云上"新力量。截至2021年底，浙江共建成8座融汇文化与科技的数字化展馆，均坐落在极具文化底蕴的城市，成为当地小有名气的"文化新地标"。

2. 搭建数据生产平台，关联与传播中华文化

互联网时代，文创产品成为文化生产与传播的重要形式，在数字化浪潮中，如何拥抱新技术，快速实现"数字+文化"的融合发展是其发展的核心问题。杭州市就通过搭建文化大数据平台，最大限度地将文化挖掘了出来，关联了起来。一方面通过丰富的文化内容展现吸引并留住游客，另一方面，通过搭建短视频智能生产平台，让游客也可以自己创作个性化文创短视频，将这份文化记忆留存或分享给其他人，最大程度地传播了中华文化。

3. 数据维度构建宋韵文化图谱，赓续中华传统文化

当前，浙江省正从思想、制度、经济、社会、百姓生活、文学艺术等方面，全面研究如何立体阐述宋韵文化。杭州更是充分发挥自身特色优势，应用人工智

能技术，结合"融媒体+"方法，利用媒介工具和能力，赋能文化数字化建设，数据维度构建宋韵文化图谱，面向大众、面向世界、面向未来传播中华传统文化。

数据内容层面：收集和校验宋韵相关内容，并将其进行结构化数据处理，通过语义理解、实体识别和相关链接，将文化元素进行多维度数据关联，构建专题图谱，形成一张内容丰富的多核心传统文化数据网络。

数据链路层面：收集宋韵文化内容数据，建立多核心、可扩展的知识图谱，并围绕知识图谱建立新闻媒资链路，让文化图谱拥有更高的数据维度。

数据落地层面：以宋韵文化数据图谱为基石，打造新颖有趣的文旅互动项目，通过短视频智能生产平台进行有效传播。

4. 构建数字传播外宣平台，助推中国文化走向世界

基于"人工+机器"的模式实时采集优质的国际传播素材，构建汇聚各类媒体资源的文化对外传播平台，通过制作短视频等方式更快地生产出适合外宣的优质内容，在形成点面结合、层次清晰、辐射全球的国际传播格局的基础上，讲好中国故事。比如"西湖社区"利用平台生成系列短视频，持续关注西湖及周边美景、美食，并在海内外八大平台形成传播矩阵，其中Facebook平台的粉丝量已突破110万，精准发力海外传播，展示了中国文化的靓丽名片。

文化数字化的根本目标是通过现代技术手段让高深的文化得以通俗化传播。2021年8月，杭州发布了全国首个数字文化操作系统，其核心就是围绕"如何让高深文化变成人人可以理解的文化"这一议题，集合大数据技术、人工智能技术，采集文化资源、生产文化资源和加工文化资源，进一步盘活文化资源，更好地生产与传播文化，进而助力文化产业实现数字化升级。

3.3.2 长沙推进文化融合，构建"文化+"高地

长沙历史文化悠久，人文底蕴深厚，有着丰富的旅游资源，又被称为中国的"娱乐之都"。作为拥有"广电湘军""演艺湘军"等众多文化资源的文化名城，文化产业一直是长沙的支柱性产业。2020年长沙市规模以上文化及相关产业企业营业收入为1588.9亿元，同比增长1.8%，从占湖南全省比重看，长沙市规模以上文化企业数占湖南全省的30.6%，营业收入占全省的46.8%。

2020年长沙市规模以上文化及相关产业企业营业收入占比前三的细分类型分别为文化消费终端生产、新闻信息服务、创意设计服务，其营业收入依次为641.4亿元、231.3亿元和202.4亿元，合计占比67.7%。

双循环视角下无锡文化产业与经济增长

1. "文化+科技"为传统产业注入发展新活力

作为首批国家级文化和科技融合示范基地之一,长沙文化科技产业融合发展成果不断涌现,文化科技元素逐渐增加,文化产品体验感提升。

以烟花行业为例,燃放烟花爆竹是我国传统习俗,距今已有千年历史。湖南省的长沙浏阳和株洲醴陵、江西省的宜春万载和萍乡上栗是我国四大烟花爆竹传统主产区,占全球产值的80%。2020年长沙烟花产业增加值为226亿元,占全市文化产业总规模的25%,形成了金生花炮、复兴烟花等五个烟花爆竹产业集群,"浏阳花炮""世纪红烟花"等7个中国驰名商标,其中金生烟花被列为"中华老字号"名录。作为长沙城市新名片,2010年8月开始的"橘子洲烟花"至今已燃放200多场次,平均每场吸引20余万游客,成为展示"快乐长沙,宜游胜地"城市形象的重要载体,被央视新闻联播、国内外各大新闻媒体争相报道,提高了长沙的知名度和美誉度。

出于环境保护等多种目的,2018年起传统的烟花爆竹行业也在科技的加持下不断探索出新的表现形式,比如作为长沙媒体艺术节暨"一带一路"青年创意与遗产论坛的主体活动之一,数字光电烟花秀《烟花一夜》在传统烟花特效的基础上,与嘉宾互动,通过人和船、船和焰、焰和景、景和城四维联动,将极具特色的印象呈现,极大地丰富了观看者的感官体验。

2. "文化+旅游"助推文旅产业融合发展

长沙是首批中国历史文化名城和优秀旅游城市,古有"楚汉重镇""伟人故里""屈贾之乡",今有最美中国旅游度假城市、全域旅游创建典范城市等美誉。全市共有地文景观、人文景观、水域风光、生物景观、古代建筑等旅游资源8个大类(占国家8个大类的100%)、29个亚类(占国家31个亚类的94%)、91个基本类型(占国家基本类型的59%)。截至2021年9月,长沙市共有61个A级旅游景区,其5A级旅游景区2个——岳麓山·橘子洲旅游区和花明楼景区,4A级旅游景区24个,3A级旅游景区34个,2A级旅游景区1个。得益于这些丰富的文化旅游资源和深厚的历史文化底蕴,长沙市的旅游收入历来较为可观,2020年长沙市旅游总收入为1661.3亿元,占全市GDP的13.7%。即使在疫情因素的影响下,旅游接待人数有所下降,2021年前三季度长沙市接待游客总人数仍然达到12691.2万人次,其中国内游客12690.7万人次,海外游客0.5万人次。

2017年起长沙市开始助推文旅产业融合发展,作为"文化+旅游"的典型代表,长沙市打造了湖南省唯一、全国最大的西周文化主题公园——宁乡炭河古城,该景点开业仅百天旅游人数就突破百万,该主题公园推出的大型文化剧目《炭河千古情》持续刷新全省大型旅游演出场次最多和观众数量最多的纪录。

3. "文化+消费"壮大经济发展新动能

作为全国首批文化消费试点城市,长沙的"文化+消费"模式逐步形成。这一方面得益于长沙政府对文化消费引导有力,印发了《文化消费试点工作实施方案》具体引导和扩大城乡居民文化消费。该方案为积极推动"悦读、悦艺、悦享、悦游、悦动、悦荟"六大系列文化活动,明确规定政府层面的文化消费资金投入,包括市级层面年投入5000万元以上(其中政府购买公共文化服务3000万元),各区县年投入100万元以上。另一方面表现为长沙市居民文化消费正在快速增长。2021年前三季度长沙城镇居民教育文化娱乐人均消费支出5198元,同比增长20.8%,两年平均增长7.9%,教育文化娱乐消费支出占人均消费总支出的比重超20%,以上经济数据的突出离不开长沙发达的演艺产业。

作为经济发展动能之一,演艺产业是长沙市文化产业中的重要组成部分,也是推动湖南文化强省建设的重要力量。自改革开放以来演艺产业就展现了不断进步和多元发展的过程,演艺娱乐成为长沙市民心中不可磨灭的文化符号,"广电湘军""演艺湘军"的品牌日益响亮。比如以湖南广播电视台、快乐阳光互动娱乐传媒和中广天择为主的"广电湘军"不仅是长沙文化产业的重要组成部分,对全国广播电视领域的发展也起到了重要的促进作用。2020年长沙市广播电视集成播控产业营业收入为98.1亿元,占文化及相关产业企业营业收入的6.2%。从产品影响看,湖南卫视的《天天向上》《快乐星期六》(由《快乐大本营》改版)等综艺节目深受欢迎,湖南广播电视台制作的《青春集结号》、芒果娱乐制作的《我们的少年时代》、和光传媒制作的《秋收起义》三部作品荣获第31届电视剧"飞天奖"优秀电视剧提名;2018年初湖南卫视打造的国内首档原创声音魅力竞演秀《声临其境》首播当日获得双网收视第一的佳绩和全渠道零差评的口碑,并得到《人民日报》《光明日报》等上百家媒体点赞,峰值时该节目微博阅读量达26.1亿,网络播放量14亿,豆瓣评分达8.3分。

3.3.3 苏州——苏式文旅消费密码解读

"双循环"新发展格局下,外向型经济大幅萎缩、全球经济进出口环境严重受阻,在此背景下苏州的经济发展却异军突起,尤其是苏州的文旅消费也同步开始急速蹿升,2020年底,苏州成功入选首批国家文化和旅游消费示范城市,苏州的文旅消费成了"国家级"标杆。

以2021年五一假期的数据来看，五天时间苏州的旅游收入达88亿，占据全国旅游总收入比重的7.78%，与2019年旅游收入仅位列全国第11名的成绩相比，2021年苏州五一的数据已经逼近最大的旅游城市北京的旅游收入。从早起一碗苏式汤面，到夜游拙政园；从平江路苏州古城，到淮海街日式网红生活方式；从"精细雅洁"的苏绣手艺，到东升里文化艺术长廊上的时尚艺术；从昆曲博物馆，到苏绣小镇……全天候、全市域、全感官的高品质苏式文旅消费正在稳健发力，构建持续向好的创新生态。

1. 苏式夜经济亮点突出

"夜经济"成为苏式文旅消费的新支点。为此，苏州推出的一整套独具特色的夜游线路、精品演出和消费活动，构成了夜间经济的集合效应。"夜经济"不光在古城，苏州工业园区、苏州高新区、吴中区、相城区、吴江区紧密联动，张家港、常熟、昆山、太仓四个市协同呼应。可以说，苏州全市域的夜晚都将分外精彩，昆曲、评弹、苏剧"三朵金花"常开不败，交响乐、民族管弦乐、芭蕾舞"新三朵金花"竞相绽放，平江路、山塘街、同德里打卡胜地人头攒动，苏帮菜、大闸蟹、碧螺春诱惑舌尖。

政策上，苏州市政府成立了文旅消费（夜间经济）工作领导小组，出台了一系列做大做强夜经济IP扶持政策，包括近两年密集推出的《激发文化和旅游消费潜力行动方案》《促进"姑苏八点半"苏州夜间经济发展的十条措施》等政策大礼包；技术上，通过科技赋能数字化体验场景，打造"文化资源＋场景体验＋文旅消费"的模式，以多媒体声光电、全息影像技术助力场景打造、创新互动体验，重现千年姑苏之夜的橹声灯影。

目前苏州正努力打造以文旅消费为主的夜经济2.0版，让夜苏州更有文化味、更加时尚化、更具国际范儿，也从时间的维度，极大地扩充、丰富了苏州文旅消费的内涵。

2. 打造江南区域文化产业带

苏州正在用大产业思维打造"最江南"苏州。2021年初举办的文化产业高质量发展大会明确提出，全面打响"江南文化"品牌，重塑江南文化的核心地位，重筑苏州人民的精神家园，重现文化高地的灿烂辉煌。具体操作层面就是用招商、投资的手法，构建项目、园区、小镇等产业形式，把"最江南"文化做活、做出特色、做出品质，做出产业效益。

以"绣"出来的小镇——苏绣小镇为例，人口仅两万多的苏州镇湖，却拥有四百多家绣庄、八千多位绣娘，形成了一个入驻企业120多家，产值超15亿元、年缴纳税收0.7亿元，吸纳就业近1万人、年接待游客人数100万人次的产业体系。苏绣小镇以苏绣工艺为中心，集聚了丝线、木架、装裱包装等上下游产业，依托苏绣创新平台，引进了研发、培训、体验等主题的刺绣工作室，实现了苏绣全产业链协同发展，从而将"精细雅洁"的苏绣这一传统瑰宝式的手艺、艺术，转换成了集生活、生产、旅游、文化于一体的"苏绣"产业，是立足于丰富的旅游资源，实现苏绣文旅跨界融合的典型。

苏州正在编制文旅项目投资指南，将项目建设作为引领文旅产业发展的龙头和抓手，并通过一系列文化和旅游产业专项招商引资活动，活化用好"江南文化"基因，精心打造"运河十景"文化地标，建设区域文化产业带，在此过程中推动文化产业与关联业态的深度融合、协同发展，进而加快实现文化产业转型升级。

苏州正使用大视野谋篇布局、大格局推动工作、大手笔建设项目，致力于当好社会主义文化强国建设的探路者、先行军，用文化驱动创新，促进经济文化比翼齐飞，在国际舞台上展示江南文化、讲好苏州故事。

3.4 本章小结

本章主要对双循环经济下的文化产业的特征以及文化产业可能产生的发展变化进行了研究分析，并且对国内与无锡经济发展水平相当的一些城市的文化产业发展情况进行了案例分析。

第四章 无锡文化产业与经济发展

4.1 无锡社会经济发展概况

无锡历史悠久，是吴文化的发源地，是中国近代资本主义民族工商业的发源地，也是当代乡镇工业的发源地。无锡市委、市政府坚持以习近平新时代中国特色社会主义思想为指导，立足新发展阶段，践行新发展理念，构建新发展格局，以供给侧结构性改革为主线，以改革创新为根本动力，巩固拓展疫情防控和经济社会发展成果，努力保持经济健康发展、社会和谐稳定，在加快建设人民满意的美好城市上取得了新成效，在打造践行新发展理念的高质量发展示范区上迈出了新步伐，谱写了"强富美高"新无锡现代化建设的新篇章。如今的无锡是区域性交通枢纽，是著名的旅游胜地，是长江三角洲的特大城市，更是中国重要的经济中心城市。从2022上半年的经济数据来看，无锡GDP总量为6714.75亿元，全国排名第15位；人均GDP为9万元，全国排名第1位。

4.1.1 城市综合实力连上新台阶

十年来（2012—2021），无锡的城市综合实力接连迈上新台阶，地区生产总值连上七个千亿台阶，其中工业经济发展尤为显著，作为中国乃至世界产业链的重要组成部分，无锡的工业对地区经济发展起到了"压舱石"的作用。在刚刚过去的"十三五"期间，全市规上工业增加值年均增速达7.6%，相比GDP增速高1.1个百分点。2021年全市规上工业总值迈上两万亿元新台阶，全员劳动生产率人均达到33.4万元，制造业增加值占地区GDP比重高达41.6%。从工业企业数量来看，全市工业企业数突破8万家，其中规模以上工业企业数达到7003家，在"中国企业500强"等榜单上的企业数位居江苏第一。

从全市具体各区域来看，梁溪区、锡山区、惠山区、滨湖区、新吴区、经开区、江阴市、宜兴市八个板块中已有六个板块地区生产总值超过千亿，其中，锡山区和惠山区首次达到1000亿元，宜兴市和新吴区首次达到2000亿元，江阴市更是超过了4500亿元。作为无锡乃至全国县域经济发展的排头兵，江阴市这十年间的发展也极为耀眼，地区生产总值由2535.38亿元提高至4580.33亿元，年均增长6.1%，地区生产总值已经连续3年突破4000亿元大关，市场主体数相较十年前增长了71.4%。2021年，江阴市荣获全国县域经济基本竞争力"十九连冠"、中国工业百强县（市）"五连冠"。与此同时，在无锡全域构建绿色低碳制造体系的整体框架下，十年间江阴市累计关停"散乱污"企业4312家、化工企业344家，单位GDP能耗下降约35%，走出了一条具有时代特点、区域特征、自身特色的县域经济发展之路。

4.1.2 人才、科技创新驱动成效突出

十年来（2012—2021），无锡接连出台"太湖人才计划"1.0版、2.0版，"锡引惠才"12条、优秀大学生"锡引"工程8条、"助企惠才"人才10条等政策，构建起了从诺奖得主、中外院士，到优秀大学毕业生、技能型人才的全维度、多层次人才引进政策体系。此政策驱动效果明显，截至2021年底，全市创业人才企业达1322家（年销售超亿元企业达66家），创造销售收入832.45亿元，相比十年前增长了8.4倍。目前，全市累计在境内外上市人才企业14家，其中科创板5家，A股市值突破7000亿元，占全市上市企业A股总市值的44%，其中药明康德、卓胜微电子等两家企业市值突破千亿元，领跑全市。

此外，无锡紧紧围绕产业化，在加速构建创新体系，大力培育创新主体，不断集聚创新要素的努力下，全市科技进步成果自2013年起连续9年位居全省第一，科技进步贡献率由2012年的59.1%升至2021年的67.6%；全社会研发投入由2012年的200亿元升至2021年的450亿元；截至2021年底，全市雏鹰、瞪羚、准独角兽培育企业分别达到2981家、1676家和144家；科创板上市企业达到10家，位居全省第二、全国前十。十年间无锡获国家科学技术奖71项、中国专利奖75项，均位居全国同类城市第一方阵，涌现出了"神威·太湖之光"超级计算机、"蛟龙号""奋斗者号"载人潜水器等重大科技创新成果。

4.1.3 打造千亿产业集群高地

十年来（2012—2021），在产业强市主导战略的布局下，无锡构建的以战略性新兴产业为先导、先进制造业为主体、现代服务业为支撑的自主可控的现代产业体系结出了一系列丰硕成果，至2021年，无锡制造业领域规模以上战略

性新兴产业实现总产值8529.18亿元，占规上工业总产值比重达39.9%，全市高新技术企业总数增加到4608家，高新技术产业产值占规上工业总产值比重达49.2%。

在以集群化、智能化、数字化发展为主攻方向的指导下，无锡锚定先进制造业转型升级，实现了新的跨越。十年中，全市深入实施制造业"造补强延"链工程和"百企引航""千企升级"行动，持续培育龙头骨干企业和专精特新"小巨人"企业，促进制造业集群做大做强，截至2021年已经拥有规模超千亿的产业集群10个，其中物联网集群尤为突出，入选国家先进制造业集群，集成电路产业规模也位居全国前列。

4.1.4 扎实推进长三角高质量一体化

十年来（2012—2021），无锡坚持贯彻落实国家区域协调发展战略、乡村振兴战略和新型城镇化战略，稳步推进区域城乡协调融合进程，深入实施长三角一体化发展无锡行动方案。目前，长三角地区主要领导座谈会、苏锡常一体化发展合作峰会等重要会议都在无锡举办，此外，无锡还积极主导共建环太湖科技创新圈和长三角—粤港澳大湾区产业创新合作（无锡）试验区。

从市域内部来看，无锡一体化建设全面提速，城市扩容增效进程加快。比如锡澄、锡宜两个协同发展区落地推进，苏锡常南部高速公路建成通车，锡澄轨道交通S1线、宜马快速通道启动建设，"一体两翼两区"的市域空间格局初步建成。同时，城乡一体化建设全面深化，创建了一批独具特色的田园乡村和美丽乡村示范点。

今后的无锡还将重点做好稳增长、促转型、增后劲三项工作，加大重大产业项目招引力度，推动重大基础设施规划建设，打造最优营商环境城市，推动要素市场化配置综合改革，全面激发经济增长的内需支撑力。总之，无锡将肩负"争当表率、争做示范、走在前列"的光荣使命，坚定不移推进经济高质量一体化发展，切实跑好现代化建设"接力赛"，坚持"一张蓝图绘到底"，向党和人民交上一份满意答卷。

4.2 无锡文化产业发展概述

4.2.1 文化资源布局

无锡是吴越文化赓续绵延的引领者，是江南文化璀璨多姿的参与者，是太湖文化烟波浩渺的亲历者，是运河文化传承至今的见证者。深厚的历史文化底蕴为这座城市带来了厚重感，更是这座城市发展的根基和源动力。

十年间（2012—2021），无锡大力弘扬传统文化，留住城市记忆：无锡大运河"一段三点"成为世界文化遗产、阖闾城遗址和鸿山遗址本体保护展示工程取得重大突破、无锡市文物保护三年行动计划圆满完成、无锡博物院成为国家一级博物馆、出版百册乡邦文献集成《无锡文库》、启动编撰《无锡史》。

十年间（2012—2021），无锡创排了舞剧《千年运河》、锡剧《惠山泥人》、民族音乐会《光明行》等40多部大型舞台剧目，《南国红豆》《英雄·玛纳斯》《歌唱祖国》等上百部无锡作品获得省级及以上大奖，无锡入选全国书法展和全国摄影展的作品数量也屡创新高。

十年间（2012—2021），无锡还举办了倪云林全国美术作品展、中国国际摄影艺术展、上海国际艺术节无锡分会场等一系列高规格的艺术活动。无锡大剧院十年总计上演了2100多场演出，每年接待18万到20万观众，2022年是太湖文化艺术季，高品质演出数量将再创新高。

根据《无锡市区公共文化设施布局规划》，十年间，无锡已建成1081个村（社区）综合性文化服务中心、32个市级图书馆特色分馆。当下，无锡正推动公共文化设施从"有没有"向"好不好"、从"全覆盖"向"高效能"转变。

表4-1 2012—2018年主要文化机构数（单位：个）

机构类别	2012年	2013年	2014年	2015年	2016年	2017年	2018年
艺术机构	19	19	19	19	21	22	29
艺术表演团体	4	4	4	4	4	5	7
艺术表演场所	9	9	9	9	12	12	12
艺术创作机构	2	4*	4	4	4	4	9
艺术展览机构	2						
艺术教育机构	1	1	1	1	0	0	0
文艺科研机构	1	1	1	1	1	1	1
文物保护	66	66	66	69	70	70	70
文物科研机构	1	1	1	1	1	1	1
文物保护管理机构	10	6	6	6	6	6	6

续表

机构类别	2012年	2013年	2014年	2015年	2016年	2017年	2018年
博物馆	54	58	58	61	62	62	62
文物商店	1	1	1	1	1	1	1
公共图书馆	10	10	10	10	8	8	8
群众文化	92	90	90	90	88	90	90
群众艺术馆文化馆	10	10	10	10	8	8	8
文化站	82	80	80	80	80	82	82
其他文化							
文化行政管理机构	10	10	10	10	8	8	8
文化市场管理机构	9	9	9	9	7	7	8
文化市场经营机构	1543	1480	1564	1570	2153	2254	2428

*2013年原艺术创作机构、艺术展览机构，合并统计为艺术展览创作机构。

注：无锡市文化类数据统计周期为三年，2019—2022年的数据要2023年才出，所以第四章中的所有文化类表格的数据截止时间为2018年。

表4-2 2012—2018年主要文化机构从业人员数（单位：个）

机构类别	2012年	2013年	2014年	2015年	2016年	2017年	2018年
艺术机构	625	626	579	592	625	743	920
艺术表演团体	142	148	145	124	120	244**	339
艺术表演场所	393	388	363	370	450	442	435
艺术创作机构	9	26*	9	38	45	46	135
艺术展览机构	17						
艺术教育机构	51	50	49	47	0	0	0
文艺科研机构	13	14	13	13	10	11	11
文物保护	719	706	750	700	722	677	671

续表

机构类别	2012年	2013年	2014年	2015年	2016年	2017年	2018年
文物科研机构	7	7	7	7	7	7	8
文物保护管理机构	116	59	60	62	63	59	73
博物馆	553	598	643	596	618	583	561
文物商店	43	42	40	35	34	28	29
公共图书馆	228	253	253	259	312	323	330
群众文化	591	585	604	612	607	596	600
群众艺术馆文化馆	145	153	162	161	162	152	155
文化站	446	432	442	451	445	444	445
其他文化							
文化行政管理机构	160	164	158	171	189	169	170
文化市场管理机构	83	81	81	81	81	68	83
文化市场经营机构	9828	9296	12207	12450	15270	13107	14294

*2013年原艺术创作机构、艺术展览机构，合并统计为艺术展览创作机构。

**2017年将无锡市歌舞剧院纳入统计范围内，歌舞剧院从业人员有116人。

表4-3 2012—2018年文化事业经费收支及资产（单位：千元）

指标	艺术表演团体	艺术表演场所	文化保护	公共图书馆	群众文化
2012年					
总收入	20148	13738	106739	45017	103409
财政补助	10748	1890	91691	43745	94108
事业收入	8539	11477	7051	447	2028
经营收入	—	—	938	—	241
其他收入	501	171	5739	560	4175
总支出	20661	13482	105765	49092	106261

续表

指标	艺术表演团体	艺术表演场所	文化保护	公共图书馆	群众文化
年末固定资产	6376	180075	236919	139847	380803
2013年					
总收入	19169	11853	91180	19104	123847
财政补助	11934	1900	86489	48606	115240
事业收入	6597	9622	3269	191	34
经营收入	—	—	437	—	—
其他收入	588	331	205	15	150
总支出	17782	11193	132403	47544	121837
年末固定资产	6627	180113	333327	167443	389747
2014年					
总收入	20153	16343	112463	60286	165488
财政补助	12489	2050	105010	59854	157530
事业收入	6449	12862	4386	363	194
经营收入	0	0	256	0	0
其他收入	672	1431	361	66	3966
总支出	19928	12244	112974	56430	160070
年末固定资产	7179	180113	6626623	177713	395078
2015年					
总收入	21642	14796	119704	61223	179609
财政补助	13211	3787	105216	60700	172659
事业收入	7397	10595	3783	495	500
经营收入	0	0	1367	0	0
其他收入	563	414	386	28	428
总支出	21038	11858	125644	52323	181357

续表

指标	艺术表演团体	艺术表演场所	文化保护	公共图书馆	群众文化
年末固定资产	7449	181390	1426829	190303	514639
2016年					
总收入	21728	17929	126140	68949	183508
财政补助	13945	4092	116886	68109	175366
事业收入	7166	13599	4258	198	72
经营收入	0	0	3101	0	0
其他收入	547	238	424	505	277
总支出	19635	11086	125068	69448	183784
年末固定资产	8096	181693	1410140	203627	521574
2017年					
总收入	52997	141040	147615	70020	200746
财政补助	30445	38523	138603	69752	192304
事业收入	2039	10027	5272	216	1942
经营收入	7335	88542	847	0	0
其他收入	620	37440	519	52	259
总支出	50672	132742	150742	71549	205654
年末固定资产	32004	317950	1321455	205294	547296
2018年					
总收入	98326	141554	452081	79703	222579
财政补助	51831	36478	444370	79317	212718
事业收入	8628	9848	1751	86	10
经营收入	18763	93397	2792	0	683
其他收入	54119	35409	2429	300	5659
总支出	54610	113028	166327	78959	223365
年末固定资产	39570	318044	1317648	218844	960908

表 4-4 2012—2018 年文化投入情况（单位：万元）

年份	本级	全市（含江阴、宜兴）
2012	50559	167728
2013	51575	193299
2014	51981	126395
2015	57377	143459
2016	61527	140829
2017	74563	157548
2018	75435	147423

4.2.2 文化产业概况

文化产业的发展不仅能促进社会文明进步，更会提升社会经济发展的质量。在国内外环境复杂多变、经济下行压力不断加大、产业转型升级迫在眉睫的当下，文化产业对促进产业结构转型升级、培育新的经济增长点、推动地区经济社会全面发展、提升城市综合实力和竞争力具有重要意义。

无锡的文化产业在江苏省内一直处于领先地位，十三五期间无锡的文化产业发展又取得了长足的进步，2017年无锡GDP首次突破万亿，达到10500亿元，其中文化产业实现增加值450亿元，占GDP比重为4.28%；2018年，全市文化产业实现增加值478.80亿元，占GDP比重为4.27%；2019年无锡GDP达到11852亿元，其中文化产业增加值占GDP比重为4.27%，规模以上文化企业从业人员9.68万人，占全市规模以上企业从业人员总数（172.77万人）的5.6%；受疫情影响，2020—2021年无锡文化产业增加值有所下降，2021年文化产业增加值占GDP比重为4.23%，但毋庸置疑文化产业已然成为无锡经济社会发展的一个重要组成部分，整体发展呈现以下特征。

1. 把握新阶段新要求，锚定发展新方位

组织编制《无锡市"十四五"文化和旅游发展规划》，精心谋划"十四五"文化发展总体思路、工作目标、重点任务，以及一批重大工程、重点项目、重要举措；围绕地方戏曲锡剧艺术振兴，制定出台《锡剧振兴三年行动计划》；进一步规范非遗传承人认定与管理，出台了《无锡市非物质文化遗产代表性传承人认定和管理办法》，引导、鼓励和支持非遗传承人队伍开展传承活动。

2. 构筑文艺精品创作高地，展现新作为

围绕庆祝建党 100 周年，挖掘地方特色文化，讲好"人杰地灵"无锡故事。2021 年共获得国家级、省级奖项 52 项。开展红色主题艺术创作，如反映我党隐秘战线的锡剧《蝶恋花·沈琬》、大型民族交响史诗《光明行》等。舞剧《歌唱祖国》《南国红豆》入围"江苏省庆祝中国共产党成立 100 周年舞台艺术精品创作工程"，《歌唱祖国》还入选第十三届全国舞蹈展演剧目。开展主题展览展演，与伊犁合作完成歌舞剧《汉家公主》，赴新疆、北京等地展演；原创锡剧《追梦路上》参与第六届全国少数民族文艺会演并获优秀剧目奖。开展"百年风华、红色印记"长三角文化交流暨无锡市属文艺院团演出季、"曲韵流芳"锡剧艺术会演等系列艺术活动，打造了"江南雅韵""乐享四季"等特色品牌，全年共举办文艺惠民演出 800 多场，将艺术精品送到了老百姓身边。

3. 提升公共文化服务效能，拓展新路径

市、区两级 8 家文化馆实现一级馆全覆盖。在空间打造上，获评 19 个省级"最美公共文化空间"，新建 14 家公益小剧场、5 家特色小剧场并常态化运营；在服务供给上，举办无锡市第二届文化场馆月活动（87 场主活动、600 余场子活动），开展"百年百场"优秀群众文艺作品巡演巡展活动；在品牌打造上，无锡博物院策划的"行走"系列研学旅行，获评全国 2021 年度十佳文博社教案例。智慧广电乡村工程建设全省领先。全年建成 24 个智慧广电乡镇（街道），超额完成了省政府民生实事工程设定的目标（15 个），基本实现了群众从"看电视"向"用电视"的转变，形成了"服务政府、服务社会、服务群众"的"智慧广电+"生态链。

4. 保护传承弘扬文化遗产，实现新突破

承办"文物映耀百年征程"2021 年江苏省文化和自然遗产日主会场活动，召开全市革命文物工作会议，推动革命文物赓续红色血脉，弘扬革命精神。策划"无锡市文物保护工作三年行动计划成果展"，制作推出文物修缮探秘短视频 20 期，新浪微博累计话题阅读量超过 205 万次。该三年行动计划带动各级投入经费近 4 亿元，文物保护进入历史最好时期，专项资金绩效管理被省财政厅列为优秀案例。启动大运河（无锡段）文化遗产监测中心建设。深度挖掘鸿山遗址和阖闾城遗址的时代价值，两大遗址的主题纪录片《吴越春秋》在央视《国宝·发现》播出，两大遗址又入选国家《大遗址保护利用"十四五"专项规划》。

5. 促进文化旅游深度融合，打造新样板

持续推进文旅深度融合，不断挖掘新热点、开发新产品、整合新业态，大力促进文化和旅游消费升级，成功入选第二批国家文化和旅游消费试点城市，滨湖区、梁溪区入选首批省级文旅消费试点单位，拈花湾小镇建成首批国家级夜间文旅消费集聚区。积极培育文化和旅游消费，清名桥历史文化街区建成首批省级夜间文旅消费集聚区，还和雅达·阳羡溪山小镇中心街区一同被认定为首批省级旅游休闲街区。在文物保护基础上，积极探索活化利用新路径。东林书院推出"书院生活"文旅融合项目品牌，让千年古书院融入现代生活气息，"东林拾忆"演艺小剧场于"五一"期间开幕，实现了"白天看景、晚上看戏"，让嘉宾沉浸式体验书院生活，成为新的城市文化名片。创排《歌唱祖国》沉浸式实景演出，助力荡口古镇华丽转身。

6. 旅游开发宣传推广创出新特色

联合中国美术家协会，成功举办首届"倪云林"全国美术作品展（中国画、油画），是无锡市首次举办的大型国家级美术展览。牵头实施的"苏锡常畅游卡"正式发行，整合了苏锡常三地70多个景点，实现了文旅领域的互联互通。赴深圳、延安等地举办了5场各有特色、主题突出的"无锡文化旅游周"活动，还举行了2场"牵手无锡旅情"万人免费游活动，为深圳、延安人民送去文旅消费"大礼包"，价值超1000万元，进一步打响了无锡"太湖明珠·江南盛地"的城市品牌。评选和发布了全市首批10个"家门口的好去处"。充分挖掘乡村旅游资源，全年新增省级乡村旅游重点村7家，山居壹聚、鸣珂里等民宿获评全国首批等级民宿，马山街道获评首批全国乡村旅游重点镇。

表4-5 2014—2016年无锡市文化产业分行业增加值及比重表（亿元，%）

行业类别	2014 增加值	比重(%)	2015年 增加值	比重(%)	2016年 增加值	比重(%)
合计	332.32	100	360.61	100	394.27	100
第一部分 文化产品的生产					
一、新闻出版发行服务	8.01	2.4	7.72	2.1	9.63	2.4
二、广播电视电影服务	4.16	1.3	8.17	2.3	12.49	3.2

行业类别	2014 增加值	比重(%)	2015年 增加值	比重(%)	2016年 增加值	比重(%)
三、文化艺术服务	9.34	2.8	6.69	1.9	10.73	2.7
四、文化信息传输服务	17.61	5.3	22.26	6.2	21.44	5.4
五、文化创意和设计服务	58.93	17.7	68.83	19.1	86.74	22.0
六、文化休闲娱乐服务	18.83	5.7	15.58	4.3	18.99	4.8
七、工艺美术品的生产	15.40	4.6	15.01	4.1	17.05	4.3
第二部分 文化相关产品的生产							
八、文化产品的辅助生产	50.57	15.2	44.60	12.4	52.62	13.4
九、文化用品的生产	117.77	35.4	129.98	36.0	120.81	30.6
十、文化专用设备的生产	31.70	9.5	41.77	11.6	43.77	11.1

表4-6　2018年无锡市文化产业分行业增加值及比重表（亿元，%）

行业类别	增加值（亿元）	比重（%）
合计	478.80	100.0
第一部分　文化核心领域		
一、新闻信息服务	5.41	1.1
二、内容创作生产	92.62	19.3
三、创意设计服务	52.19	10.9
四、文化传播渠道	25.10	5.2
五、文化投资运营	10.46	2.2

续表

行业类别	增加值（亿元）	比重（%）
六、文化娱乐休闲服务	22.37	4.7
第二部分　文化相关领域		
七、文化辅助生产和中介服务	106.17	22.2
八、文化装备生产	132.47	27.7
九、文化消费终端生产	32.01	6.7

表4-7　2016—2018年无锡市各市（县）区文化产业增加值及占GDP比重

地区	文化产业增加值（亿元）			文化产业增加值占GDP比重（%）		
	2016年	2017年	2018年	2016年	2017年	2018年
全市	394.27	450.28	478.80	4.28	4.28	4.27
江阴市	94.20	107.60	126.18	3.06	3.08	3.40
宜兴市	52.44	59.86	67.42	3.81	3.84	4.02
梁溪区	43.23	47.18	52.80	4.04	4.05	4.29
锡山区	27.62	31.97	35.45	3.90	3.95	4.04
惠山区	18.61	22.13	26.56	2.58	2.66	2.97
滨湖区	49.15	56.81	49.52	5.93	5.95	6.44
新吴区	109.02	124.73	111.27	7.74	7.71	6.28
经开区	—	—	9.60	—	—	3.60

表4-8 无锡文化产业园区（基地）情况一览表

序号	园区名称	获牌情况	认定批准部门	批准时间	所在地区	主导产业
1	蓉运壹号创意产业园	国家数字出版基地（无锡园区）	新闻出版总署	2011	梁溪区	创意办公、文化传媒、时尚休闲、数字出版传媒、微果孵化、众创空间
2	无锡国家数字电影产业园	国家级电影产业基地	国家广电总局	2010	滨湖区	影视
		国家级文化和科技融合示范基地	科技部、中宣部等五部门	2013		
		江苏省文化科技产业园	省科技厅、省委宣传部等五部门	2014		
		江苏省重点文化产业园区	省文化改革发展领导小组	2014		
3	灵山文化创意产业园区	世界佛教论坛永久会址	国家宗教局	2012	滨湖区	文化、旅游、投资
		江苏省文化产业示范园区	省文化厅	2014		
		"佛教文化主题创意旅游产业全国知名品牌创建示范区"	国家质检总局	2015		
		省级重点文化产业示范园区	省文旅厅	2019		
		"海峡两岸交流基地"	中央台办、国务院	2015		

续表

序号	园区名称	获牌情况	认定批准部门	批准时间	所在地区	主导产业
4	无锡吴都阖闾城遗址管理处	江苏省重点文化产业园区	省文化改革发展领导小组	2015	滨湖区	文化旅游
5	无锡文博投资集团	江苏省文化产业示范基地	省文化厅	2007		文化旅游
6	无锡新区创新创意产业园	国家动漫游戏产业振兴基地	文化部	2007	新吴区	文化创意、新媒体、影视动漫、互联网游戏
		国家动画产业基地	国家广电总局	2005		
		江苏省重点文化产业园区	省文化改革发展领导小组	2014		
		江苏省文化科技产业园	省科技厅、省委宣传部等五部门	2014		
		江苏省文化产业示范园区	省文化厅	2007		
7	江苏希际数码艺术网络股份有限公司	江苏省文化产业示范基地	省文化厅	2007		动漫
8	新区软件发展有限公司	国家级文化产业示范基地	省文化厅	2012		动漫、影视、新媒体

续表

序号	园区名称	获牌情况	认定批准部门	批准时间	所在地区	主导产业
9	吴文化博览园投资建设有限公司	江苏省文化产业示范基地	省文化厅	2007	新吴区	文化旅游
10	慈文传媒集团股份有限公司	江苏省文化产业示范基地	省文化厅	2013		影视动漫制作
11	江阴文化创意产业园	江苏省文化科技产业园	省科技厅、省委宣传部等五部门	2014	江阴市	礼品、设计、广告、软件
		江苏省重点文化产业园区	省文化改革发展领导小组	2014		
12	江阴临港新城	江苏省文化产业示范园区	省文化厅	2007		软件、创意设计
13	江阴高新技术创业园	江苏省重点文化产业园区	省文化改革发展领导小组	2015		文化产业
14	江苏金一文化发展有限公司	国家级文化产业示范基地	文化部	2010		创意设计
15	宜兴陶瓷文化创意产业园	江苏省文化产业示范园区	省文化厅	2016	宜兴市	陶瓷产业
16	宜兴视觉媒体技术及应用文化科技产业园	江苏省文化科技产业园	省科技厅、省委宣传部等五部门	2014		投影显示产业

续表

序号	园区名称	获牌情况	认定批准部门	批准时间	所在地区	主导产业
17	智慧无锡文化创意产业园	江苏省重点文化产业园区	省文化改革发展领导小组	2017	市直	文化创意产业
18	无锡艾德无线广告有限公司	省重点文化产业示范基地	省文化厅	2018	新吴区	互联网广告

表4-9 江苏省重点文化科技企业无锡企业名单汇总表 *

序号	企业名称	所在地区	主营业务领域	获得时间
1	江苏金一文化发展有限公司	江阴市	贵金属工艺品的研发设计	2014年
2	江苏远望神州软件有限公司	江阴市	软件与信息服务外包、游戏软件开发	2014年
3	江苏新广联科技股份有限公司	锡山区	电子信息	2014年
4	无锡汉风网络科技有限公司	惠山区	技术咨询服务	2014年
5	无锡睿泰科技有限公司	梁溪区	数字出版技术创新、软件与信息服务外包	2014年
6	无锡亿唐动画设计有限公司	梁溪区	动漫设计，动漫软件、动漫衍生产品开发等	2014年
7	无锡广新影视动画技术有限公司	滨湖区	影视、动画作品设计制作，影视动画培训	2014年
8	软通动力信息系统服务有限公司	滨湖区	软件与信息服务外包、数字出版等	2014年
9	悠文传媒集团股份有限公司	新吴区	广播影视	2014年
10	好莱坞（中国）数码艺术研发中心有限公司	新吴区	数字内容开发、创意设计、影视作品后期制作、软件与信息服务外包等	2014年

续表

序号	企业名称	所在地区	主营业务领域	获得时间
11	无锡天脉聚源传媒科技有限公司	新吴区	文化领域关键设备及软件	2014年
12	江苏利特尔绿色包装股份有限公司	锡山区	包装、装潢、印刷	2015年
13	无锡广通数字移动电视有限公司	滨湖区	广告、演艺、会展	2015年
14	江苏泓雅集文化传播有限公司	滨湖区	广播电视节目制作、发行	2015年
15	无锡灵动力量文化传媒有限公司	滨湖区	广播影视	2015年
16	央视国际网络无锡有限公司	新吴区	文化领域关键设备及软件	2015年
17	江苏万域数码科技有限公司	新吴区	数字内容	2015年
18	无锡市科虹标牌有限公司	梁溪区	创意设计	2017年
19	江苏卓易信息科技股份有限公司	宜兴市	文化领域关键设备及软件	2017年
20	无锡知谷网络科技有限公司	新吴区	移动多媒体制作与经营	2017年
21	诺华视创电影科技（江苏）股份有限公司	滨湖区	创意设计	2017年
22	无锡梵天信息技术股份有限公司	新吴区	游戏软件开发，产品设计、制作和经营	2017年

*2016年省委宣传部未组织重点文化科技企业评选。

4.3 无锡文化产业典型案例

4.3.1 助力文化产业转型升级

现实主义题材剧《人世间》无疑是今年最"火"的电视剧之一，这部创下央视黄金档电视剧近 8 年来新高收视率、让近 4 亿观众"笑着笑着又哭了"的扛鼎之作,正是"无锡出品"。图 4-1 为《人世间》剧照。

图 4-1 《人世间》剧照

这其实就是无锡文化产业高质量发展的一个缩影。自 2018 年无锡华莱坞文化创意园成立以来,无锡的文化创意产业就根植于传统文化进行"文化 +"融合发展,创新求变。四年前,无锡凭借文化产业及文化贸易的显著优势,成为首批 13 家国家文化出口基地之一,是江苏首家以城市全域入选的基地。四年多来,作为国家文化出口基地,无锡一直坚持"引进来"和"走出去"并重,推动更多具有中国特色和无锡元素的优秀文化产品走向世界。

1. 大力扶持文化产业

文化产业茁壮生长,需要磨砺"内功",也需要政策土壤。近年来,无锡市委、市政府相继出台相关行动计划和配套产业政策,年均扶持企业、项目超 200 个。2022 年陆续出台了《无锡"十四五"文化发展改革规划》等一系列文件,在文化产业投资、载体平台建设、前沿业态探索等方面给予重点扶持。在政府致力于文化产业转型升级的基础上,全市以无锡国家数字电影产业园、无锡(国家)工业设计园等国家级园区为载体,以影视文化制作交易、网络文化传播、创意设计、文化旅游等领域为重点,逐步形成了文化产业健康快速发展的良好格局。目前园区企业入驻率达 100%,园区中的无锡九久动画制作有限公司已成为商务部、文化和旅游部重点出口企业;睿泰·爱中文依托国内领先的互联网智慧教育技术、国际中文教育资源和优质的师资力量,为北美洲、南美洲、欧洲等六大洲 12 个国家和地区的孩子在线直播中文课;凤凰画材在越南、柬埔寨的工厂有 1600 名员工，向全世界出口各类画材产品，并且企业在出口画材材料的同时，还在向全世界推介中国艺术家，通过协助中国艺术家参与新加坡、美国、日本的各类画展，让中式写意油画在国际上的认同度和知晓度得到提升。

2. 倾力打造文化符号

近年来，大运河文化带无锡段的建设不断加速，令沿河的文化产业焕发出新生机。随着清名桥历史文化街区内文化产业项目的增多，各式趣味十足的工作室和小店林立，传统文化与现代生活不断碰撞，产生了无穷魅力。

比如在锡钢浜游客集散中心，无锡钢铁厂的老旧废弃厂房被改造成购物中心、漫步式街区、城市记忆剧场、先锋博物馆。这一空间与清名桥历史文化街区无缝对接，充分展现了古老运河的吸引力，这里将汇聚更多更新鲜的文创企业，释放出文化产业的新动能。

接下来，沿着大运河，蓉运壹号、北仓门等由工业遗产改建的文创园区都排定了转型升级计划。通过运河沿线载体建设，无锡将培育与运河文化相关的创意设计、会展演艺等新业态，打造文商旅深度融合的"全产业链"，让大运河成为市民游客的向往地，也成为无锡的文化符号之一。

无锡还通过深挖地方特有资源与历史文脉，活态传承历史文化遗产，积极打造具有独特地方印记的文化符号。比如"利永"原是民国时期制作经营紫砂陶器的著名商号，2013年宜兴市成立中超利永紫砂陶有限公司，9年的时间里建成了业内规模最大的专业性紫砂博物馆，首创紫砂全息数字防伪新技术，并在业内率先提出关于原料、产品评价、产品流通三大信用体系建设，树立了行业新标杆。

未来无锡文化个性将更加突出，名片效应将更加显著。在未来3年，无锡将培育一批具有引领示范效应的文化产业项目，推出一批具有自主知识产权的文化产品，打造一批知名度较高的文化品牌，"太湖明珠·江南盛地"文化影响力和辐射力将进一步提升。

3. 聚力推动"数字＋文化"

进入新时代，数字＋文化发展成为无锡文化产业发展新势能。基于成熟的影视文化产业上下游资源、专业高效的影视专业服务团队、政府优厚的文化扶持奖励政策，再结合物联网产业优势，无锡文化产业敏锐地找到了电影中的数字技术这一"赛道"，成立了无锡国家数字电影产业园，围绕"数字影视科技"，大力发展数字文化产业。作为电影创新发展的加速器，数字技术是电影创作的"魔法棒"，《流浪地球》《中国机长》等影片中恢宏的场面都依赖于这"魔法棒"。

随着2022年无锡元宇宙创新产业园、无锡数字文化产业园正式挂牌，总投资20亿元的无锡国家数字电影产业园三期项目正式开工，一批又一批类似《长津湖》《中国医生》这样的优秀影视作品从无锡生根发芽、走向世界。

4.3.2 无锡国家数字电影产业园

无锡是我国最早的影视基地城市，早在1987年，中央电视台在无锡陆续建立了唐城、三国城和水浒城等影视外景拍摄基地。如今，每年在无锡拍摄的影视项目超过百部。同时，无锡软件、动画、动漫产业已具规模，相关产业也初成气候，具备了进一步发展数字技术产业的基础。其中，无锡国家数字电影产业园（见图4-2）是由部省共建的国家级影视产业基地。无锡国家数字电影产业园是目前中国数字电影工业核心园区，拥有国际一流的数字影视服务平台，建有一座华东地区最大的科技拍摄基地，云集了一大批知名影视科技拍摄制作企业。

园区围绕"数字影视科技"这一关键要素布局谋篇，以数字影视为龙头，大力发展数字文化产业，积极构建现代影视工业化发展体系，着力打造数字影视产业链及衍生链。2013年开园以来，园区积极推动产业集聚，搭建产业发展平台，构筑产业服务体系，完善产业发展链条，以独特模式开创"中国电影工业3.0时代"，产业发展特色鲜明，成果斐然，现已建成了包含科技拍摄棚、水下特效棚、1.2万平方米超大影棚、影视云平台等的产业发展载体，打造了涵盖影片立项、剧组管家、人才引育、金融投资、影视交易等的产业服务体系。

图4-2 无锡国家数字电影产业园（华莱坞）

园区现已吸引一大批国内外知名影视制作及数字文化企业落户，先后拍摄制作了《中国机长》《捉妖记》《西游记之三打白骨精》《西游记之女儿国》《邪不压正》《星球大战》《那年花开月正圆》《小Q》《誓言》《一场遇见爱情的旅行》《幻乐之城》《我们的歌》《明日之子》等一批精品影视剧项目和热门综艺栏目。一批影片先后获得华鼎奖、金鸡奖、省"五个一工程奖"等国内、国际大奖。

2014~2019年园区获得的荣誉如下：

2014年，被评为"国家级文化和科技融合示范基地"。

2015年，被国家广电总局列入"中国重要制片基地"。

2015年，被评为"国家4A级景区"。

2017年，入选江苏首批特色小镇——"太湖影视小镇"。

2019年，获批"江苏省电影产业创新实验区"。

2019年，获批"江苏省版权贸易基地"。

2019年，获批"江苏省影视游戏版权贸易（无锡）基地"。

无锡国家数字电影产业园基于园区产业集聚优势，以诚实守信为基本原则，在剧本创作、剧本交易上，致力于提升作家的创作品质及满足市场对影视作品的需求；为作家与影视机构之间搭起了一座桥梁，帮助作者实现自我创作的价值，为影视机构提供了更多选材与用材机会。

无锡国家数字电影产业园由江苏省新闻出版广电局直接领导，由园区作为服务主体，主要受理江苏省内电影、电视剧拍摄制作备案工作，各类影视剧许可证书发放工作和完成片审查工作。园区联合相关机构成立了无锡市影视协拍联盟，为剧组提供住宿、餐饮等生活服务，协调外景、群演、道具、设备、器材等业务服务。为解决影视企业人才吸纳问题，园区与美国南加州大学电影学院、中国传媒大学、北京电影学院等国内外知名院校以及无锡市周边院校建立了紧密合作关系，可随时根据企业需求与合作院校无缝对接，通过人才招聘和培养，高效率为企业输送各类影视行业人才。

无锡国家数字电影产业园对园区及企业人员进行针对性培训等。园区整合各类金融资源，与各投资银行、影视基金等金融机构紧密接洽，致力于为园区企业提供专业、精准、高效的融资服务。同时，平台还定期组织影视投资广场等项目对接活动，为园区影视企业发展、影视项目的开发提供资金支撑和金融服务。园区配合政府各部门及时发布国家、省、市最新产业相关扶持、奖励政策，协助企业解读政策内容，引导企业做好各类引导资金项目申报工作，构建了一座政府与企业间的桥梁。

无锡国家数字电影产业园未来将提升创新融合发展水平，打造千亿级的国家数字文化产业高地。

4.3.3 无锡灵山拈花湾小镇

基于灵山胜境建成的无锡灵山文化旅游集团（简称灵山集团）是一家以旅游、文化为主体，涉及文化、旅游、地产、投资等多种产业的多元化企业集团。其中无锡禅意小镇·拈花湾位于云水相接的太湖之滨，小镇整体建筑风格以唐风宋韵为主，又融入了中国江南小镇特有的水元素。灵山集团以"禅"为核心文化主题，打造了集景区游玩、主题住宿、购物餐饮、休闲娱乐、会议服务、禅修会议、养心活动等多维功能于一体的"中国心灵度假目的地"。它也是无锡休闲旅游的重要组成部分，是旅游地产开发的经典案例。

无锡灵山拈花湾小镇定位为"集旅游度假、会议酒店、商业物业于一体的禅意特色世界级禅意旅居度假目的地"，首创了国内以禅意文化为主题的特色小镇，其业务模式见图4-3。

核心业态：禅文化+休闲产业+居住。

内部配套：禅意商业小镇、佛教论坛中心、禅修精品酒店、大禅堂（未建）、湿地公园。

物业类型：别墅、公寓、商业。其中，居住方面是度假别墅（面积段240—360 ㎡）+村舍公寓（面积段40—200 ㎡）。

产业考量：复合化的综合业态，包括文化、旅游、宗教、住宅等核心业态，配套教育、健康等相关产业。

项目位于无锡太湖边马山半岛，生态自然景观优越，绿化覆盖率80%，为1992年批准建立的全国十二个国家级旅游度假区之一，有以灵山大佛为支柱的核心旅游度假产业。无锡灵山文化旅游集团，作为当地国企，是一家以"文化、旅游、投资"为核心业务，涉及酒店、餐饮、食品、工艺品、出版等的多元化经营的国有文化旅游产业集团，拥有一定的政策资源、资本实力及资产运营能力，而且较大程度解决了当地的就业问题。策划了"五谷""一街""一堂"的主体功能布局，并配以禅意的命名体系，形成以"五瓣佛莲"为原型的总平面。深度挖掘当地人文与传统文化因素，讲故事说概念，为项目塑造出自有的魂。包装与宣传实时反映项目文化底蕴，围绕文化做宣传推广。

第四章　无锡文化产业与经济发展

- 打造精英教育平台，传播国学文化，弘扬禅的精神、打造正能量源
- 完善都市生活配套：离尘不离城，在灵山的圣境下享受都市生活

灵山书院	与无锡当地名校合作，设置分校，进行幼儿园+小学的教育	商业小镇	将禅风格作为建筑的主调，布置餐饮、休闲等商业业态，让游客在购物的同时，修身养性
"精英二代"夏令营	利用项目资源，借鉴瑞士蒙塔纳国际夏令营，打造长三角首个企业家儿童夏令营基地	植物科教园	利用山林丰富的植物资源，打造植物科教园，做为灵山书院的户外教育基地
国学、礼仪培训	面向青少年，在灵山书院举办国学、礼仪培训，让其从小接触国学文化	山体运动公园	充分利用项目山体资源，在山体布置自行车道、山体瑜珈、攀岩等各种可以在山体发生的运动项目

图 4-3 无锡灵山拈花湾小镇业务模式

无锡灵山拈花湾小镇的特色体现在吃、住、行、游、购、娱的方方面面：茶道、花道、香道、禅画、禅瓷、禅餐、禅音……拥有不同禅意生活方式的人，都能在其中找到自己的"知音"；文创精品店、时尚名品店、禅意工艺品店、工坊体验店，精品酒店、主题客栈、青年旅舍，满满都是文化和禅意的创意。其倡导的是简单、健康、快乐的生活方式，如香月花街不仅展示了江南水乡的特色美食、文旅用品、非遗产品，还展示了抄经、打坐、托钵、经行等禅者的生活方式。其文化定位很大程度上决定了商业的成功。

在运营上，由于在规划设计上有房地产+商业+景区的不同形态，以地产销售迅速回笼资金，同时与旅行社、网络媒体建立良好的合作关系并引入途家、同程等专业的旅游平台及酒店民宿运营平台，实现了长期盈利。景区与商业、民宿房地产等不同功能区域相辅相成，景区人气带动了商业、地产的增值，地产、商业等又为景区提供配套，丰富了其业态功能。

在灵山大佛营造的禅氛围下，通过经营高端餐饮等，搭建圈层交流平台，实现由单向信仰到双向交流的转变，图 4-4 为灵山胜境禅文化与生活、商业结合的模式。

· 53 ·

图 4-4 灵山胜境禅文化与生活、商业结合的模式

无锡灵山拈花湾小镇商业地产采用以持有经营为主、辅以销售性住房的运营模式；盈利形式分为短期销售性收益和长期经营性收益。

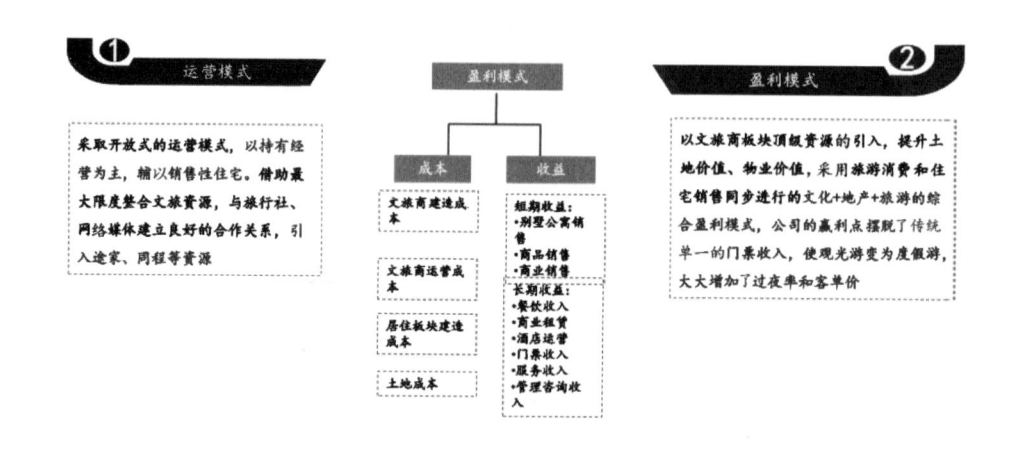

图 4-5 无锡灵山拈花湾小镇的运营/盈利模式

拈花湾在物业上引入途家平台，解决了度假物业的后顾之忧，业主把度假物业的空余时间段委托给途家，途家通过斯维登酒店管理品牌，为物业提供专门的入户管家服务，并通过自有平台出租给游客，获得的租金收益与业主进行分成。

客户收益假设：业主以 60 万元购入一套 40 m² 的拈花湾度假公寓，并委托给途家经营，经营第一年的房价为 300 元/天，那么随着客房价与入住率的逐年提升，10 年内业主可累计获得租金收入近 54 万元，覆盖了物业售价的 90%，这不仅仅是经济收益，还将获得巨大的物业增值。

4.4 无锡文化产业存在的问题

近年来，在市委、市政府的高度重视下，无锡市出台了最新的文化产业政策，助推文化产业不断做强，但发展过程中仍存在一些不容小觑的问题。文化产业曾跻身省内领先地位的无锡，GDP 占比已经降至省内第 6 位，是苏南五市中文化产业增加值 GDP 占比唯一低于 5% 的城市。

问题之一：产业增速和整体规模不大。

2014—2018 年，无锡文化产业增加值占 GDP 比重分别为 4.05%、4.23%、4.28%、4.28%、4.27%，文化产业在国民经济中占有一定份额，但未达到地区支柱产业（占比 5% 以上）的最低标准，且占比近年来首次转增为降，产业规模虽有所壮大，但增速不及 GDP。

2018 年，全市规模以上文化单位 663 家，其中，文化制造业单位 289 家，占同期全部规模以上制造业的 4.9%；文化批零业单位 94 家，占 3.7%；文化服务业单位 280 家，占 21.8%。663 家规模以上文化单位中，营业额 1 亿元以上的单位 179 家，占 27.0%；营业额 10 亿元以上的单位 19 家，占比 2.9%；营业额 100 亿元以上单位仅有 2 家，尚无千亿级文化龙头企业。2019 年，无锡市规模以上的文化（创意）企业（年商品销售额在 2000 万元及以上的批发业企业和年商品销售额在 500 万元及以上的零售业企业）有 680 多个，相比于周边的苏州等城市明显偏少，作为文化产业体量增加的主力军，近几年无锡市规模以上文化企业数量增加不明显，缺少国内外知名文创企业入驻。

问题之二：行业内部发展水平不一。

2018 年，无锡市文化产业实现增加值最多的三个行业依次是文化装备生产（132.47 亿元）、文化辅助生产和中介服务（106.17 亿元）、内容创作生产（92.62 亿），占比分别为 27.7%、22.2%、19.3%；新闻信息服务全年实现增加值 5.41 亿元，不及文化装备生产增加值的一成；文化投资运营增加值较上年转负为正。总体来看，与文化生活密切相关的生产活动仍占据主导地位，传统文化产业发展滞后，行业内部发展水平不一（具体数据见表 4-10）。

表4-10 2018年无锡文化及相关产业九大类别增加值构成表

类别	产值（亿元）	占比
文化装备生产	132.47	27.70%
文化辅助生产和中介服务	106.17	22.20%
内容创作生产	92.62	19.30%
创意设计服务	52.19	10.90%
文化消费终端生产	32.01	6.70%
文化传播渠道	25.1	5.20%
文化娱乐休闲服务	22.37	4.70%
文化投资运营	10.46	2.20%
新闻信息服务	5.41	1.10%

问题之三：板块间发展水平有异。

2018年，全市各区域实现文化产业增加值总量排名前三位的依次是江阴市（126.18亿元）、新吴区（111.27亿元）和宜兴市（67.42亿元），三地总量之和占全市文化产业增加值的比重达63.7%，最少的是经开区（9.60亿元）。文化产业增加值增速排名前三位的依次是惠山区（20.0%）、江阴市（17.3%）和宜兴市（12.6%），新吴区增幅为负。文化产业增加值占GDP比重排名前三位的依次是滨湖区（6.44%）、新吴区（6.28%）、梁溪区（4.29%），最低的是惠山区（2.97%），文化产业增加值占比八个板块七升一降，新吴区、滨湖区文化及相关产业已成为区域国民经济发展支柱产业（具体数据见表4-11）。

表4-11 2018年全市八大板块文化产业发展情况分析表

地区	文化产业增加值（亿元）			文化产业增加值占GDP比重（%）		
	2018年	2017年	增速（%）	2018年	2017年	增速（±）
梁溪区	52.8	47.18	11.9	4.29	4.05	0.24
锡山区	35.45	31.97	10.89	4.04	3.95	0.09
惠山区	26.56	22.13	20.02	2.97	2.66	0.31
滨湖区	49.52	56.81	4.07	6.44	5.95	0.49

续表

地区	文化产业增加值（亿元）			文化产业增加值占GDP比重（%）		
	2018年	2017年	增速（%）	2018年	2017年	增速（±）
新吴区	111.27	124.73	-10.79	6.28	7.71	-1.43
经开区	9.6	—	—	3.6	—	—
江阴市	126.18	107.6	17.27	3.4	3.08	0.32
宜兴市	67.42	59.86	12.63	4.02	3.84	0.18

但需要注意的是，2018年全市八大板块中文化产业增加值占GDP比重，两个区超6%，分别是滨湖区和新吴区；三个区介于4%—5%之间，分别是梁溪区、锡山区和宜兴市；两个区介于百3%—4%之间，分别是经开区和江阴市；而惠山区不及3%。以当前发展趋势来看，中游区域短期内突破5%难度较大，板块间发展水平差异大，导致全市文化产业难以实现全面提升。

问题之四：企业经济效益减弱。

2018年，全市663家规模以上文化单位实现营业收入1358.55亿元，户均2.05亿元，较上年（2.23亿元）下降0.18亿元；实现营业利润86.62亿元，户均0.13亿元，略高于上年；营业利润率仅为6.38%，企业经营效益不乐观。当前无锡仍是以传统文化制造业为主导，优化产业结构刻不容缓。比如无锡市重点打造的"华莱坞"经过这几年的发展已经有了一定的影响力，就2019年来看国内市场最卖座的10部电影有3部就是华莱坞制作的，尤其在影视的后期制作方面有一定的实力，但仅从其产值来看还不是很理想，所以后期还需要不断引进在行业中技术、规模都处于领先地位、具有行业标准话语权的"头部企业"，进而带动产业链和周边产业的发展。

问题之五：高校缺少创意设计人才。

无锡地区高校少，伴随着的是人才的聚集效应较差，相较于南京、武汉、西安这些高校聚集地，无锡地区吸引和留住高端年轻人才的效果较差，而这些年轻人对文化产业的推动作用是很大的。

大型文化企业选择入驻无锡这种中等城市的概率不高，北上广深以及杭州对其更具有吸引力。再加之投资周期较长，产值提升不明显等因素，政府的招商引资政策并不倾向于文化企业。

4.5 本章小结

本章主要对近年来无锡国民经济和社会发展水平以及文化产业的发展现状进行了较为全面的总结和分析。同时，通过案例分析对无锡文化产业发展状况进行了研究。基于上述分析，对近年来无锡文化产业发展过程中存在的问题进行了总结。

第五章 无锡文化产业与经济发展关联的效应

5.1 文化产业与经济发展的关联

5.1.1 主要理论依据

国民社会经济发展体系中包含各类产业，它们之间相互依存、共同发展，共同形成整个国民经济的产业体系。人们经过长期研究发现，在整个社会经济活动中，任何一种活动都不是孤立存在的，而是或多或少与其他领域（产业）活动之间有一定的联系，这就是赫尔希曼的"联系效应"理论所提出的观点。因此作为供给者，该产业通过向其他产业提供要素的投入来确立其在产业链中的地位，某种产业活动的发生需要从其他产业领域的各种经济活动中得到所需要的资源要素；同时，这种活动本身也会对其他领域中各种经济活动提供相应的资源要素支持。作为需求方，则通过对其他产业产出的消费来显示其在产业链中的作用。因此，本产业领域的经济活动与其他产业领域的经济活动互为资源要素的需求与供给方。将这种关系放到整个社会经济活动中，就构成了整个社会层面复杂而密切的产业关联关系，这种关系不仅对某产业本身的活动效率产生重要影响，也影响到整个社会经济活动的效率。这种关系，在经济学研究方面就被称为产业关联研究。

虽然文化产业领域内产业形态多种多样，但内容创意一直被大多数学者认为是文化产业创新活动中的核心部分，它既需要相关产业知识技术系统的制作生成，又需要具有产业特征的网络结构体系进行传播扩散的支撑和帮助。比起传统产业内各行业之间的联系，尤其是在产业资源要素、技术传播手段、创意成果的知识产权（版权）保护等方面，文化产业内各行业之间具有更强的相似性和关联度。

比如新闻出版、影视传媒、音像图书、网络动漫等行业在资源要素的投入、技术的传播应用、市场的推广扩散等产业基本活动方面的互动联系更为频繁，进而更容易构筑文化创意产业领域内相关产业分工与协作的网络状产业组织结构。

对于文化产业与国民经济其他部门之间产业关联的研究，一般可以使用两种方法。一是运用投入产出法，通过产业联系表（即投入产出表、里昂惕夫表），对某个产业的经济活动与国民经济其他部门之间的供需关系进行定量分析。运用计算消耗系数、劳动报酬系数、折旧系数、社会纯收入系数以及影响力系数、感应度系数、生产诱发系数和依赖度系数等，来分析该产业与其他产业之间的产业依存度、产业关联度和产业的波及效果，进一步解释某一产业内的因素变动对国民经济其他产业所产生的影响。这种方法，一般需要运用某国或地区42部门投入产出表，对产业关联的相关指标进行计算。

二是进行灰色关联的相关分析，建立文化产业与其他相关产业之间的灰色关联矩阵，通过它们之间的灰色关联系数，分析比较文化产业与其他产业各个要素的联系程度和相关程度，这是一种比较系统的分析方法，经常用于研究不同产业及经济发展的相关领域，研究不同要素之间的相关程度。这种方法一般只需要将各个产业的产业增加值作为计算的指标值，然后计算它们之间的关联系数即可。由于收集数据的局限性，本书在研究中将采用灰色关联分析法，计算文化产业与其他产业之间的关联关系。

产业理论的研究认为，任何产业的产生、发展、运行和演变过程都会受到宏观、产业和微观层面各种影响因素的影响，这些因素可以是宏观层面中可能引起产业演变、扩张或衰退，以及导致产业结构变迁、产业布局变化的各种产业政策；也可以是产业层面中可能决定产业相关产品的各种市场供需关系、产业资源、公共设施、就业人口等因素，或者微观层面中企业的创新能力、管理模式等因素。这些因素一般会通过单独、联合或系统作用等方式对产业发展产生影响。基于上述认识，本研究中也将通过灰色关联法对无锡文化产业可能受到的影响进行研究。

5.1.2 主要分析方法

1. 灰色关联分析法

灰色关联分析法是对一个系统的发展变化态势进行定量描述和比较的方法，主要分析思路是根据因素之间发展趋势的相似或相异程度，即"灰色关联度"，衡量因素间的关联程度。灰色关联分析法的最大优势在于该方法不需要大量样本，因此对于数据样本不完整的研究分析比较适用，灰色关联分析的实质是对反映各因素变化特性的数据序列曲线之间进行几何比较：几何形状越接近，相应序列之间的关联程度就越大，也就表明该因素对于解释变量的影响程度就越大。

在具体分析上，灰色关联分析法首先应确定分析数列。其中需要确定反映系统行为特征的数据序列，即参考数列；以及影响系统行为的因素组成的数据序列，即比较数列。本书中的参考数列就是无锡文化产业发展的数据序列，将无锡地方经济中的其他各产业，以及可能影响无锡文化产业发展的不同因素构成比较数列。分别设参考数列（又称母序列）$Y = \{Y(k) | k = 1, 2, \cdots, n\}$，以及比较数列（又称子序列）$X_i = \{X_i(k) | k = 1, 2, \cdots, n\}, i = 1, 2, \cdots, m$。

其次由于各指标所采用的单位不同，因此存在数据量纲问题，不便于直接进行分析比较。因此在进行灰色关联度分析时，一般都要对指标数据进行无量纲化处理。具体做法如下：

$$x_i(k) = \frac{X_i(k)}{X_i(l)}, \ k = 1, 2, \cdots, n; \ i = 0, 1, 2, \cdots, m$$

接着，需要计算 $x_0(k)$ 与 $x_i(k)$ 的关联系数，即

$$\xi_i(k) = \frac{\min_i \min_k |y(k) - x_i(k)| + \rho \max_i \max_k |y(k) - x_i(k)|}{|y(k) - x_i(k)| + \rho \max_i \max_k |y(k) - x_i(k)|}$$

记 $\Delta_i(k) = |y(k) - x_i(k)|$，则

$$\xi_i(k) = \frac{\min \min \Delta_i(k) + \rho \max \max \Delta_i(k)}{\Delta_i(k) + \rho \max \max \Delta_i(k)}$$

当 $\rho \in (0, \infty)$，称为分辨系数。ρ 越小，分辨力越大，一般 ρ 的取值区间为（0，1），具体取值可根据情况而定。一般 $\rho \leq 0.5463$ 时，分辨力最好，通常 $\rho = 0.5$。接下来计算比较数列与参考数列在各个时点上的关联程度（即关联系数）。为了能够将关联系数进行收敛，需要对各个时点（即曲线中的各点）的关

联系数求平均值，作为比较数列与参考数列间关联程度的数量表示（即关联度），其计算公式为：$r_i = \frac{1}{n}\sum_{k=1}^{n}\xi_i(k)$, $k=1, 2, \cdots, n$。

最后，对各指标的关联度进行排序，如果 $r_1 < r_2$，则参考数列 y 与比较数列 x_2 更相似。在算出 $X_i(k)$ 序列与 $Y(k)$ 序列的关联系数后，计算各类关联系数的平均值，平均值 r_i 就称为 $Y(k)$ 与 $X_i(k)$ 的关联度。

2. 主成分分析法

主成分分析是一种简化数据集的技术。主成分分析的基本方法是通过构造原变量 $X_1, X_2, X_3, \cdots\cdots, X_k$ 的适当线性组合来产生一系列不相关的新变量，从中选择出少数几个新变量使得它们含有尽可能多的原变量信息。通过主成分分析，在损失较少数据信息的基础上把多个指标转化为几个有代表意义的综合指标，然后再进行回归分析，以此来克服数据多重共线性。

主成分分析的计算步骤如下。

（1）计算相关系数矩阵

$$R = \begin{bmatrix} r_{11} & r_{12} & \cdots & r_{1P} \\ r_{21} & r_{22} & \cdots & r_{2P} \\ M & M & M & M \\ r_{P1} & r_{P2} & \cdots & r_{PP} \end{bmatrix}$$ 在上式中，$r_{ij}(i, j=1, 2, \cdots, p)$ 为原来变量 x_i 与 x_j 的相关系数，其计算公式为：

$$r_{ij} = \frac{\sum_{k-1}^{n}(x_{ki}-\overline{x_i})(x_{kj}-\overline{x_j})}{\sqrt{\sum_{k-1}^{n}(x_{ki}-\overline{x_i})^2 \sum_{k-1}^{n}(x_{kj}-\overline{x_j})^2}}$$

R 是实对称矩阵（即 $r_{ij}=r_{ji}$）。

（2）计算特征值与特征向量

首先解特征方程 $|\lambda_i-R|=0$ 求出特征值 λ_i（$i=1, 2, \cdots, p$），并使其按大

小顺序排列，即 $\lambda_1 \geq \lambda_2 \geq \cdots, \geq \lambda_p \geq 0$；然后分别求出对应于特征值 λ_i 的特征向量 e_i（$i=1, 2, \cdots, p$）。

（3）计算主成分贡献率及累计贡献率

主成分 Z_i 贡献率：$r_i / \sum_{k=1}^{p} \gamma_k (i=1, 2, \cdots, p)$，累计贡献率：$\dfrac{\sum_{k=1}^{m} \gamma_k}{\sum_{k=1}^{p} \gamma_k}$。

一般取累计贡献率达 85%—95% 的特征值 $\lambda_1, \lambda_2, \cdots, \lambda_m$，所对应的第1，第2，…，第 m（$m \leq p$）个主成分。

（4）计算主成分载荷

$$p(z_k, x_i) = \sqrt{r_k e_k} \ (i, \ k = 1 2, \ \cdots, \ p)$$

（5）计算主成分得分

$$Z = \begin{bmatrix} z_{11} & z_{12} & \cdots & z_{1m} \\ z_{21} & z_{22} & \cdots & z_{2m} \\ M & M & M & M \\ z_{n1} & z_{n2} & \cdots & z_{nm} \end{bmatrix}$$

5.2 文化产业的产业关联度

5.2.1 关联分析的指标体系

本书的研究对象是无锡地区的国民经济和社会发展，以及文化产业相关数据，研究数据主要来源于《无锡年鉴》《无锡市统计年鉴》《江苏省旅游与文化产业统计年鉴》以及无锡市政府网站。主要采用 2012—2018 年文化产业，以及国民经济与社会发展领域其他产业的时间纵向序列数据，综合运用计量经济等方法，对文化产业与其他行业之间的关系进行全面考察。使用灰色关联软件 GM2.0。

在指标选取上，借鉴以往学者的研究成果，国民经济和社会发展指标主要选取第一产业（包含农、林、牧、渔等），第二产业（含工业、建筑业），第三产业（包含批发和零售业，交通运输、仓储和邮政业，住宿和餐饮业，信息传输、

双循环视角下无锡文化产业与经济增长

软件和信息技术服务业，金融业，房地产业，租赁和商务服务业，科学研究和技术服务业，水利、环境和公共设施管理业，居民服务、修理和其他服务业，教育，卫生和社会工作，文化、体育和娱乐业，公共管理、社会保障和社会组织）。文化产业发展水平指标包括文化产业增加值、文化产业法人单位数、文化产业相关就业人数、文化事业主要收入、文化企业主营收入、公共文化设施面积。原始数据见表5-1、表5-2。

表 5-1 2012—2018 年文化产业相关指标

序号	文化产业增加值	文化产业法人单位数	文化产业相关就业人数	文化事业主要收入	文化企业主营收入	公共文化设施面积
单位	亿元	个	人	万元	千元	千平方米
2012	295.00	5715	35210	289051	1308453	874.5
2013	321.45	5680	34465	250959	1311485	978.5
2014	336.42	5847	37501	374733	1316972	994.5
2015	364.81	6046	37337	396974	1661396	1019.5
2016	403.68	7453	43230	418254	2052319	1109.5
2017	452.00	7788	37727	612418	2464240	1108.1
2018	468.98	8316	40122	994243	2930890	1261.9

表 5-2 2012—2017 年[①] 无锡市国民经济及行业相关指标

行业	2012	2013	2014	2015	2016	2017
农、林、牧、渔业	137.22	148.54	156.96	158.39	154.74	154.91
工业	3717.88	3893.56	3747.59	3837.28	3977.58	4553.15
建筑业	294.15	313.86	348.75	360.60	369.68	411.85
批发和零售业	294.15	1259.73	1365.19	1343.49	1460.27	1629.46
交通运输、仓储和邮政业	177.93	185.88	199.51	185.96	195.19	212.41
住宿和餐饮业	225.29	244.79	205.10	241.61	259.90	283.18

---

① 由于《无锡统计年鉴》中，关于2018年17个行业产值的统计数据缺失部分行业数据，因此只进行2012—2017年文化产业与其他行业之间的关联度分析，特此说明。

续表

行业	2012	2013	2014	2015	2016	2017
信息传输、软件和信息技术服务业	103.49	107.59	124.00	141.15	210.42	260.49
金融业	424.14	451.43	480.11	596.53	686.76	779.01
房地产业	364.24	381.72	380.35	405.95	467.49	530.72
租赁和商务服务业	300.79	331.42	358.09	368.68	444.38	527.92
科学研究和技术服务业	71.52	76.44	82.09	85.58	87.93	142.06
水利、环境和公共设施管理业	38.51	41.16	44.31	46.19	54.65	62.90
居民服务、修理和其他服务业	79.95	88.89	157.63	166.70	179.59	200.45
教育	134.62	143.87	154.89	161.48	193.43	237.80
卫生和社会工作	75.85	81.06	87.27	90.98	95.53	108.42
文化、体育和娱乐业	48.28	56.68	58.96	62.35	92.28	100.17
公共管理、社会保障和社会组织	229.88	263.56	254.51	265.34	280.20	316.90

5.2.2 产业关联度分析结果

首先，对上述数据进行无量纲化处理，处理后的指标见表5-3、5-4。

表5-3 无量纲化处理后文化产业指标相关数据

序号	文化产业增加值	文化产业法人单位数	文化产业相关就业人数	文化事业主要收入	文化企业主营收入	公共文化设施面积
2012	0.78150	0.85399	0.92800	0.60641	0.70208	0.83325
2013	0.85157	0.84876	0.90837	0.52649	0.70371	0.93235
2014	0.89123	0.87371	0.98838	0.78616	0.70665	0.94759
2015	0.96644	0.90345	0.98406	0.83282	0.89146	0.97141
2016	1.06942	1.11369	1.13938	0.87747	1.10122	1.05717
2017	1.19742	1.16375	0.99434	1.28481	1.32224	1.05584

续表

序号	文化产业增加值	文化产业法人单位数	文化产业相关就业人数	文化事业主要收入	文化企业主营收入	公共文化设施面积
2018	1.24241	1.24265	1.05746	2.08585	1.57264	1.20238

表5-4 无量纲化处理后国民经济及行业指标相关数据

行业	2012	2013	2014	2015	2016	2017
农、林、牧、渔业	0.882459	0.925435	0.901003	0.923337	0.956193	1.092067
工业	0.555187	0.802793	0.854189	0.899574	1.017593	1.165405
建筑业	0.929673	0.904947	0.980706	0.965117	1.049008	1.170548
批发和零售业	0.92281	0.964041	1.034731	0.964456	1.012326	1.101635
交通运输、仓储和邮政业	0.925932	1.006076	0.842952	0.993006	1.068177	1.163857
住宿和餐饮业	0.655595	0.681568	0.785523	0.894166	1.332981	1.650168
信息传输、软件和信息技术服务业	0.744545	0.792451	0.842796	1.047162	1.205554	1.367492
金融业	0.86365	0.905097	0.901848	0.962548	1.108466	1.258391
房地产业	0.774141	0.852973	0.921614	0.948869	1.143698	1.358704
租赁和商务服务业	0.786481	0.840585	0.902716	0.941095	0.966937	1.562186
科学研究和技术服务业	0.803072	0.858334	0.924023	0.963228	1.13965	1.311692
水利、环境和公共设施管理业	0.549352	0.610781	1.083107	1.145429	1.233999	1.377332
居民服务、修理和其他服务业	0.787182	0.841271	0.90571	0.944245	1.13107	1.390521

续表

行业	2012	2013	2014	2015	2016	2017
教育	0.882459	0.925435	0.901003	0.923337	0.956193	1.092067
卫生和社会工作	0.555187	0.802793	0.854189	0.899574	1.017593	1.165405
公共管理、社会保障和社会组织	0.929673	0.904947	0.980706	0.965117	1.049008	1.170548

通过灰色关联计算进行分析，得到以下文化产业与无锡地区第一、二、三产业的相关关联系数耦合关系矩阵，分别见表5-5、表5-6：

表5-5 第一、二、三产业与文化产业指标关联矩阵

序号	文化产业指标结构	第一产业	排序	第二产业	排序	第三产业	排序
1	文化产业增加值	0.4668537	6	0.5826305	5	0.7443523	1
2	文化产业法人单位数	0.5052918	4	0.7188546	2	0.6906995	3
3	文化产业相关就业人数	0.7989247	1	0.6966208	3	0.6440012	4
4	文化事业主要收入	0.6357201	2	0.7736716	1	0.7742050	2
5	文化企业主营收入	0.5250122	3	0.6106067	4	0.6569955	5
6	公共文化设施面积	0.5013484	5	0.578880	6	0.5672563	6
7	平均关联系数	0.5721917	3	0.6602107	2	0.6795850	1

表5-6 文化产业与第一、二、三产业指标关联矩阵

研究变量	文化产业增加值	排序	文化产业法人单位数	排序	文化产业相关就业人数	排序	文化事业主要收入	排序	文化企业主营收入	排序	公共文化设施面积	排序
第一产业	0.8286106	3	0.8241486	3	0.9209282	1	0.6503488	3	0.7093178	3	0.8987120	2

研究变量	文化产业增加值	排序	文化产业法人单位数	排序	文化产业相关就业人数	排序	文化事业主要收入	排序	文化企业主营收入	排序	公共文化设施面积	排序
第二产业	0.8903802	2	0.8988823	1	0.8541459	2	0.6624227	2	0.7145084	2	0.9319400	1
第三产业	0.8996371	1	0.8514968	2	0.7552332	3	0.7043410	1	0.7793240	1	0.8167327	3
关联度平均值	0.8728760	2	0.8581759	3	0.8434358	4	0.6723709	6	0.7343834	5	0.8824616	1

通过上述各项指标的灰色关联度计算可知，除个别指标（文化产业增加值与第一产业）之间的关联度低于0.5，其他所有指标之间的关联度均大于0.5。一般来说，当灰色关联度系数大于0.5时，说明指标之间的关联程度较高。因此，无锡文化产业与国民经济与社会发展体系中其他行业之间的总体耦合关联度较高。

1. 文化产业与三大产业之间的关联影响不同

分别对文化产业相关产业指标与国民经济与社会其他行业产业进行交互耦合灰色关联度分析，结果显示文化产业与国民经济与社会其他行业产业的关联影响作用并不完全一致。其中：其他产业对文化产业的关联度平均为0.637339；而文化产业对其他产业的关联度平均为0.8106172。关联度越高，显示两者相关关系越高，影响作用越明显。因此，初步判断无锡文化产业对国民经济和社会发展的关联影响作用，大于国民经济与社会发展对文化产业的关联影响作用。

具体分析可知以下结果。

无锡国民经济与社会发展体系中的第一、二、三产业中，第三产业（扣除文化产业部分的产值）与文化产业的关联度最高（平均关联系数0.6795850），其次与文化产业的关联度较高的是第二产业（平均关联系数0.6602107），第一产业与文化产业的关联度最低（平均关联系数0.5721917）。这个结果与文化产业与国民经济和社会发展中其他行业之间的基本关系基本符合，说明属于第三产业范畴的文化产业主要与第三产业中的各个行业存在最紧密的关联关系。而与第一产业的关联关系相对较弱。

不同产业对于文化产业的关联影响程度不同。对文化产业关联影响最大的第三产业，分别对文化产业增加值（0.7443523）、文化事业主要收入（0.7742050）、文化产业法人单位数（0.6906995）的关联影响最大。而第二产业，分别对文化事业主要收入（0.7736716）、文化产业法人单位数（0.7188546）、文化产业相关就业人数（0.6966208）的关联影响最大。第一产业则对文化产业相关就业人数（0.7989247）、文化事业主要收入（0.6357201）、文化企业主营收入（0.5250122）的关联影响最大。

文化产业对其他产业的关联影响程度不同。其中文化产业增加值对第三产业的关联影响最大（0.8996371），对第一产业的关联影响最小（0.8286106）；文化产业法人单位数对第二产业的关联影响最大（0.8988823），对第一产业的关联影响最小（0.8241486）；文化产业相关就业人数对第一产业的关联影响最大（0.9209282），对第三产业的关联影响最小（0.7552332）；文化事业主要收入对第三产业的关联影响最大（0.7043410），对第一产业的关联影响最小（0.6503488）；文化企业主营收入对第三产业的关联影响最大（0.7793240），对第一产业的关联影响最小（0.7093178）；公共文化设施面积对第二产业的关联影响最大（0.9319400），对第三产业的关联影响最小（0.8167327）。

2. 文化产业与第三产业中不同行业之间的关联影响不同

通过进一步对文化产业与第三产业中不同行业之间进行关联度分析发现，文化产业与不同行业之间的关联影响不同。对文化产业各指标值关联度影响最大的行业分别是科学研究和技术服务业行业（0.799212），教育行业（0.792143），水利、环境和公共设施管理业行业（0.777505），公共管理、社会保障和社会组织行业（0.774066），批发与零售业行业（0.759487）。详情见表5-7。

就文化产业各种主要具体指标，教育行业对文化产业增加值关联影响最大（0.883907）；卫生和社会工作行业对文化产业增加值关联影响最小（0.582240）；科学研究和技术服务业行业对文化产业法人单位数关联影响最大（0.886401），卫生和社会工作行业对文化产业法人单位数关联影响最小（0.588038）；信息传输、软件和信息技术服务业行业对文化产业相关就业人数关联影响最大（0.861621），房地产对文化产业相关就业人数关联影响最小（0.594875）；交通运输、仓储和邮政业行业对文化事业主要收入关联影响最大（0.702036），信息传输、软件和信息技术服务业行业对文化事业主要收入关联影响最大（0.533456）；水利、环境和公共设施管理业行业对文化企业主营收入关联影响最大（0.742424），住宿和餐饮业行业对文化企业主营收入关联影响最小（0.561193）；批发和零售业行业对公共文化设施面积关联影响最大（0.886509），卫生和社会工作行业对公共文化设施面积关联影响最小（0.582657）。

表 5-7 第三产业中各行业与文化产业指标关联矩阵

文化产业指标结构	文化事业主要收入	文化产业相关就业数	文化产业法人单位数	文化产业增加值
批发和零售业	0.603054	0.819717	0.841009	0.798106
交通运输、仓储和邮政业	0.702036	0.696147	0.843700	0.804856
住宿和餐饮业	0.493322	0.656472	0.597860	0.589932
信息传输、软件和信息技术服务业	0.533456	0.861621	0.769833	0.765879
金融业	0.576677	0.825428	0.837765	0.825964
房地产业	0.671186	0.594875	0.662312	0.617177
租赁和商务服务业	0.613271	0.711567	0.757348	0.769969
科学研究和技术服务业	0.611663	0.843393	0.886401	0.877391
水利、环境和公共设施管理业	0.605535	0.795638	0.840069	0.873628
居民服务、修理和其他服务业	0.604696	0.713356	0.785258	0.831797
教育	0.615909	0.819178	0.853705	0.883907
卫生和社会工作	0.603107	0.622883	0.588038	0.582240
公共管理、社会保障和社会组织	0.600639	0.782271	0.851508	0.873050

续表

文化产业指标结构	平均关联度排序	平均关联系数	公共文化设施面积	文化企业主营收入
批发和零售业	5	0.759487	0.886509	0.608526
交通运输、仓储和邮政业	7	0.751154	0.749071	0.711116
住宿和餐饮业	13	0.586702	0.621429	0.561193
信息传输、软件和信息技术服务业	8	0.730291	0.879628	0.571329
金融业	6	0.756089	0.841296	0.629402
房地产业	11	0.646044	0.590237	0.740479
租赁和商务服务业	10	0.714443	0.706266	0.728240
科学研究和技术服务业	1	0.799212	0.871188	0.705239
水利、环境和公共设施管理业	3	0.777505	0.808738	0.741424
居民服务、修理和其他服务业	9	0.726386	0.774474	0.648735
教育	2	0.792143	0.840474	0.739684
卫生和社会工作	12	0.598059	0.582657	0.609429
公共管理、社会保障和社会组织	4	0.774066	0.800710	0.736217

5.3 文化产业影响因素的关联度

5.3.1 关联分析的指标体系

为了研究分析可能对无锡文化产业发展产生作用的各种因素的关联影响，本书将进一步通过灰色关联分析法，选取可能对无锡文化产业发展产生影响作用的各种因素进行分析。根据以往研究文献的建议，本书将从可能影响无锡文化产业发展的产业资源供应、消费市场因素、文化企业能力等几个方面来考察。通过选取《无锡年鉴》《无锡市统计年鉴》《江苏省旅游与文化产业统计年鉴》以及无锡市政府网站中能够获取的各类数据，细化上述影响因素，得到以下指标体系（见表5-8）。

表5-8 2012—2018年无锡文化产业影响因素相关指标

影响指标	单位	2012	2013	2014	2015	2016	2017	2018
文化产业在GDP中的比重（Y）	%	3.90	4.00	4.10	4.20	4.30	4.30	4.10
文化事业费用占财政支出的比重（X1）	%	2.59%	2.72%	1.69%	1.75%	1.62%	1.35%	1.18%
文化产业从业人数（X2）	人	35210	34465	37501	37337	43230	37727	40122
文化体育娱乐业固定资产投资额（X3）	万元	418470	332859	373986	383947	372121	372644	425817
文化产业相关固定资产投资（X4）	万元	169478	160765	209011	311367	391003	338511	129638
文化市场经营机构（X5）	个	176	179	181	183	179	182	184
博物馆数（X6）	个	54	57	58	61	62	62	62
博物馆藏品数（X7）	件	11147	11073	11073	9873	9296	8831	8831
文化站数（X8）	个	82	80	80	80	80	82	82
文化馆数（X9）	个	10	10	10	10	8	8	8
剧团演出场次（X10）	场	1980	2104	1877	1657	1702	1698	2441
图书馆数（X11）	个	10	10	10	10	8	8	8

续表

影响指标	单位	2012	2013	2014	2015	2016	2017	2018
公共图书馆拥有藏书数（X12）	册	5653859	3921205	4497608	4980296	7097932	7881074	8526637
电视广播节目制作时间（X13）	小时	137007	136877	129145	129350	128281	119036	113696
人均地区生产总值（X14）	元	117357	124640	126389	130938	141258	160706	174270
平均每户家庭消费支出额（X15）	元	23000	25392	24049	25954	27932	29659	31593
教育文化支出占居民每户家庭消费支出比重（X16）	%	15.37%	15.34%	11.06%	11.58%	12.02%	3.93%	12.92%
文化产业主要企业年销售额(批发)（X17）	万元	533116.1	774674.5	1120994.8	1158982.8	1406177.4	1407060.3	1905470.7
文化产业主要企业年销售额(零售)（X18）	万元	459572.9	553637.6	510323.2	536061.1	466968.7	132561.2	468693.2

5.3.2 影响因素关联度分析结果

首先进行指标体系无量纲化处理，结果见表5-9。

表5-9 2012—2018年无锡文化产业影响因素的无量纲化指标

影响指标	2012	2013	2014	2015	2016	2017	2018
文化产业在GDP中的比重（Y）	0.944637	0.968858	0.99308	1.017301	1.041522	1.041522	0.99308

续表

影响指标	2012	2013	2014	2015	2016	2017	2018
文化事业费用占财政支出的比重（X1）	1.405426	1.475969	0.917054	0.949612	0.87907	0.732558	0.64031
文化产业从业人数（X2）	0.928002	0.908367	0.988384	0.984062	1.139379	0.994341	1.057464
文化体育娱乐业固定资产投资额（X3）	1.093082	0.869458	0.976886	1.002905	0.972014	0.973381	1.112273
文化产业相关固定资产投资（X4）	0.693862	0.65819	0.855714	1.274771	1.60081	1.385902	0.530752
文化市场经营机构（X5）	0.974684	0.991297	1.002373	1.013449	0.991297	1.007911	1.018987
博物馆数（X6）	0.908654	0.959135	0.975962	1.026442	1.043269	1.043269	1.043269
博物馆藏品数（X7）	1.112729	1.105342	1.105342	0.985554	0.927956	0.881538	0.881538
文化站数（X8）	1.014134	0.989399	0.989399	0.989399	0.989399	1.014134	1.014134
文化馆数（X9）	1.09375	1.09375	1.09375	1.09375	0.875	0.875	0.875
剧团演出场次（X10）	1.029794	1.094286	0.976224	0.861803	0.885207	0.883127	1.269559

续表

影响指标	2012	2013	2014	2015	2016	2017	2018
图书馆数（X11）	1.09375	1.09375	1.09375	1.09375	0.875	0.875	0.875
公共图书馆拥有藏书数（X12）	0.929941	0.644956	0.739762	0.819154	1.167461	1.296272	1.402453
电视广播节目制作时间（X13）	1.073492	1.073492	1.073492	1.073492	1.073492	1.073492	1.073492
人均地区生产总值（X14）	0.842081	0.894339	0.906889	0.93953	1.01358	1.153127	1.250454
平均每户家庭消费支出额（X15）	0.858305	0.947569	0.897451	0.968541	1.042355	1.106803	1.178975
教育文化支出占居民每户家庭消费支出比重（X16）	1.308562	1.306008	0.94162	0.985892	1.023352	0.33459	1.099976
文化产业主要企业年销售额（批发）（X17）	0.449265	0.652831	0.94468	0.976693	1.185008	1.185752	1.60577

续表

影响指标	2012	2013	2014	2015	2016	2017	2018
文化产业主要企业年销售额（零售）（X18）	1.028516	1.239031	1.142094	1.199695	1.045068	0.29667	1.048927

表 5-10 为 2012—2018 年无锡文化产业影响因素的灰色关联矩阵。

表 5-10　2012—2018 年无锡文化产业影响因素的灰色关联矩阵

影响指标	2012	2013	2014	2015	2016	2017	2018	关联度
文化事业费用占财政支出的比重（X1）	0.447974	0.424382	0.832329	0.848095	0.697839	0.547791	0.514702	0.616159
文化产业从业人数（X2）	0.959386	0.862195	0.989759	0.920116	0.793691	0.889543	0.854510	0.895600
文化体育娱乐业固定资产投资额（X3）	0.716605	0.791095	0.960474	0.964937	0.844604	0.847222	0.759244	0.840597
文化产业相关固定资产投资（X4）	0.598939	0.546424	0.732180	0.592573	0.400616	0.520726	0.447149	0.548372
文化市场经营机构（X5）	0.927414	0.945282	0.977835	0.991978	0.883138	0.919273	0.937051	0.940281
博物馆数（X6）	0.913935	0.976736	0.958195	0.978226	0.997558	0.997558	0.883212	0.957917
博物馆藏品数（X7）	0.690558	0.733448	0.770101	0.923513	0.768035	0.701075	0.771249	0.765426
文化站数（X8）	0.844624	0.949848	0.992430	0.932384	0.879189	0.933581	0.948608	0.925809
文化馆数（X9）	0.715687	0.750544	0.788970	0.831544	0.692569	0.692569	0.760968	0.747550

续表

影响指标	2012	2013	2014	2015	2016	2017	2018	关联度
剧团演出场次（X10）	0.815718	0.749736	0.958841	0.707031	0.705939	0.703172	0.575213	0.745093
图书馆数（X11）	0.715687	0.750544	0.788970	0.831544	0.692569	0.692569	0.760968	0.747550
公共图书馆拥有藏书数（X12）	0.964191	0.536039	0.596505	0.654183	0.748968	0.595144	0.477436	0.653210
电视广播节目制作时间（X13）	0.7446103	0.7840901	0.9540482	0.9921028	0.9129987	0.775579	0.786367	0.849971
人均地区生产总值（X14）	0.783839	0.835135	0.813881	0.829102	0.932289	0.771148	0.592663	0.794294
平均每户家庭消费支出额（X15）	0.813630	0.948043	0.797469	0.886210	1.000000	0.852761	0.668538	0.852379
教育文化支出占居民每户家庭消费支出比重（X16）	0.506903	0.526031	0.880566	0.924285	0.955613	0.345816	0.778723	0.702562
文化产业主要企业年销售额（批发）（X17）	0.430123	0.542170	0.886969	0.903701	0.723494	0.722452	0.378898	0.655401
文化产业主要企业年销售额（零售）（X18）	0.818003	0.580859	0.715823	0.672757	0.992787	0.334079	0.871544	0.712265

根据2012—2018年的无锡文化产业与可能的影响因素之间的灰色关联分析，选择的17个可能影响文化产业发展的因素的关联度均大于0.5（详情见表5-10），因此这些因素对无锡范围内的文化产业的发展产生了比较重要的影响作用，但是各个因素都关联度不同，也说明这些因素对于文化产业发展产生的影响作用是存在一定差异的。

5.3.3 影响因素主成分分析结果

首先对2012—2018年的Y，X1，…，X18变量进行无量纲化处理，并计算变量相关矩阵。其次，通过相关软件对上述变量进行主成分分析。根据特征根大于1的原则，通过分析可以提取4个主成分，总共能够解释98.65%的变量总方差，因此主成分个数m=4，详情见表5-11。

表5-11 主成分因子分析的总体方差解释量表

成分	初始特征值			平方和负荷量萃取		
	特征根	方差百分比	累积百分比	特征根	方差百分比	累积百分比
1	10.734	59.634	59.634	10.734	59.634	59.634
2	3.029	16.830	76.464	3.029	16.830	76.464
3	1.906	10.588	87.052	1.906	10.588	87.052
4	1.259	6.995	94.047	1.259	6.995	94.047
5	0.828	4.603	98.650			
6	0.243	1.350	100.000			
7	7.91E-016	4.39E-015	100.000			
8	3.88E-016	2.15E-015	100.000			
9	2.17E-016	1.21E-015	100.000			
10	1.89E-016	1.05E-015	100.000			
11	1.60E-016	8.92E-016	100.000			
12	1.75E-017	9.70E-017	100.000			
13	−8.29E-018	−4.61E-017	100.000			
14	−9.50E-017	−5.28E-016	100.000			
15	−1.84E-016	−1.02E-015	100.000			
16	−1.96E-016	−1.09E-015	100.000			
17	−2.83E-016	−1.57E-015	100.000			
18	−3.41E-016	−1.90E-015	100.000			

通过主成分提取，相关主成分矩阵见表5-12。

表 5-12 主成分因子分析矩阵

因子旋转后载荷矩阵（a）

	成分			
	1	2	3	4
X1	−0.760	−0.499	0.216	0.083
X2	0.287	0.904	0.170	−0.179
X3	−0.006	0.339	−0.233	0.651
X4	0.041	0.449	−0.151	−0.863
X5	0.980	0.028	−0.002	0.009
X6	0.762	0.552	−0.057	−0.306
X7	−0.615	−0.670	0.341	0.067
X8	−5.10E-005	0.179	−0.780	0.590
X9	−0.399	−0.808	0.365	−0.015
X10	0.178	−0.013	0.165	0.926
X11	−0.399	−0.808	0.365	−0.015
X12	0.364	0.746	−0.497	0.250
X13	−0.791	−0.440	.351	−0.209
X14	0.725	0.515	−0.356	0.254
X15	0.709	0.572	−0.256	0.162
X16	−0.493	−0.101	0.682	0.505
X17	0.804	0.577	−0.045	0.109
X18	−0.188	−0.188	0.927	0.226

接着计算主成分的系数，分别用各自主成分载荷向量除以各自主成分特征值的算术平方根，得到主成分的各个系数是向量矩阵以及主成分F1、F2的表达式，如下：

$F1=-0.157X1-0.143X2-0.131X3-0.120X4+0.409X5+0.155X6-0.033X7-0.114X8+0.104X9+0.079X10+0.104X11-0.111X12-0.176X13+0.124X14+0.107X15-0.140X16+0.160X17+0.036X18$

$F2-0.018X1+0.388X2+0.146X3+0.176X4-0.289X5+0.029X6-$

0.093X7-0.021X8-0.227X9-0.023X10-0.227X11+0.189X12+0.074X13-0.016X14+0.031X15-0.214X16+0.036X17+0.110X18

F3=-0.022X1+0.238X2-0.053X3-0.012X4+0.068X5+0.104X6+0.022X7-0.342X8+0.026X9+0.101X10+0.026X11-0.098X12+0.047X13-0.042X14+0.013X14+0.288X16+0.122X17+0.409X18

F4=0.032X1-0.047X2+0.218X3-0.120X4+0.218X5-0.281X6-0.009X7-0.103X8+0.024X9+0.189X10-0.007X11+0.083X12-0.062X13+0.078X14+0.050X14-0.180X16+0.034X17+0.086X18

基于以上主成分分析结果，以2012—2018年无锡文化产业增加值Y为因变量，分别以F1、F2、F3、F4为自变量，构建回归方程，处理结果如下：

表5-13 回归模型结果

模型	R	R^2	调整R^2	估计误差
1	1.000（a）	0.999	0.998	0.00179

方差分析（b）

模型		平方和	df	均方	F	P
1	回归	0.008	4	0.002	615.165	0.002（a）
	残差	0.000	2	0.000		
	特征根	0.008	6			

表5-14 回归模型相关系数

系数（a）

模型		非标准化系数		标准化系数	T	P
		B	估计误差	测试	B	估计误差
1	（Constant）	1.000	0.001		1479.232	0.000
	REGR factor score 1 for analysis 1	0.019	0.001	0.515	25.560	0.002
	REGR factor score 2 for analysis 1	0.018	0.001	.502	24.911	0.002

续表

模型		非标准化系数		标准化系数	T	P
		B	估计误差	测试	B	估计误差
	REGR factor score 3 for analysis 1	−0.006	0.001	−0.163	−8.075	0.015
	REGR factor score 4 for analysis 1	−0.024	0.001	−0.675	−33.490	0.001

F1 的 T 值为 25.560，P 值为 0.000，在 1% 水平显著，F2 的 T 值为 24.911，P 值为 0.002，在 1% 水平显著。F3 的 T 值为 −8.075，P 值为 0.015，在 1% 水平显著，F4 的 T 值为 −33.490，P 值为 0.001，在 1% 水平显著。

5.4 本章小结

本章研究运用灰色关联分析、主成分分析等研究方法，对无锡文化产业与国民经济和社会发展体系中其他产业、行业之间的关联关系等进行了分析，得出了以下主要结论。

无锡文化产业与三个产业之间的耦合关联作用并不一致。研究表明无锡文化产业对国民经济和社会发展的关联影响作用，大于国民经济与社会发展对文化产业的关联影响作用。具体来看，文化产业主要与第三产业之间的各个行业存在最紧密的关联关系。

文化与第一产业的关联关系相对较弱。同时，不同产业对于文化产业的关联影响程度不同；文化产业对其他产业的关联影响程度不同。

无锡文化产业的发展会受到来自产业资源、基础设施、居民消费水平和习惯、产业结构等多方面因素的影响。灰色关联分析结果显示这些因素对于文化产业的作用程度有所不同。

主成分分析的结果显示，影响文化产业发展的众多因素最终可以提炼归纳为四种主要的因素，这四种因素可能与文化产业增加值存在相关关系。

第六章 无锡文化产业与经济发展相互影响的效应

6.1 文化产业对经济发展的影响

6.1.1 主要理论依据

随着经济的发展，国家或地区经济体系的产业中心和就业结构中心会从有形财物的生产逐步向无形的服务性生产转移。而作为第三产业的重要组成部分，文化产业尤其是其中的创意产业在知识、技术广泛传播的潮流下获得了快速发展的机会，同时伴随着人们对于精神文化、创意产品等消费需求的增加，文化产业的需求也在快速增长。

近十年来文化产业在全球范围内呈现出爆发式发展的态势，作为高效型三产，文化产业的发展还能够优化资源配置结构，推动产业结构转型升级，进而促进经济增长方式转型。因此，文化产业作为新兴产业，其巨大的发展潜力和对社会经济发展的推动作用已经被众多国家所认同，一些发达国家甚至已经把文化产业作为提高综合国力、维护可持续发展的国家战略，文化产业已经成为新型经济的增长极。基于经济增长理论的视角，文化产业在智力资本、文化资源、技术创新等方面的特征显著，因此其有可能从多方面对国家或地区的经济增长产生积极的影响，包括提高国民经济总产出水平、优化产业结构等。

6.1.2 主要分析方法

1.ADF 检验

时间序列的稳定性检验（ADF）是在 DF 检验基础上扩展而来的。20 世纪 80 年代外国学者首次提出在考虑一阶自回归基础上进行 DF 检验。具体来说，主要是考虑 k 个 $i(1)$ 变量的时间序列 y_{1t}, y_{2t}, ... , y_{kt}, $k \geq 1$, $t = 1, 2, ... , T$，建立三种回归方程：

模型1：$\Delta x_t = \delta x_{t-1} + \sum_{i=1}^{m} \beta_i \Delta x_{t-i} + \varepsilon_t$

模型2：$\Delta x_t = \alpha + \delta x_{t-1} + \sum_{i=1}^{m} \beta_i \Delta x_{t-i} + \varepsilon_t$

模型3：$\Delta x_t = \alpha + \beta t + \delta x_{t-1} + \sum_{i=1}^{m} \beta_i \Delta x_{t-i} + \varepsilon_t$

模型3中的 t 是时间变量，代表了时间序列随时间变化的某种趋势（如果有的话）。虚拟假设都是 H_0：$\delta = 0$，即存在一单位根。模型1与另两个模型的差别在于是否包含有常数项和趋势项。

实际检验时从模型3开始，然后模型2、模型1。何时检验拒绝零假设，即原序列不存在单位根，为平稳序列，何时停止检验。否则，就要继续检验，直到检验完模型1为止。一个简单的检验是同时估计出上述三个模型的适当形式，然后通过 ADF 临界值表检验零假设 H_0：$\delta = 0$。只要其中有一个模型的检验结果拒绝了零假设，就可以认为时间序列是平稳的。

2. 格兰杰因果关系检验

格兰杰1969年首次提出 Granger 两个变量之间因果关系检验的方法。这种检验首先给定一个包含 (X_t, Y_t) 的信息集 A_t，如果利用 X_t 的过去值，比不利用它的过去值能够更好地预测 Y_t，称 X_t 为 Y_t 的格兰杰原因。

首先建立检验模型如下：

如果 X_t false、Y_t false 为平稳过程，对于模型

$$\begin{cases} X_t = c_1 + \sum_{j=1}^{p} \alpha_j X_{t-j} + \sum_{j=1}^{q} \beta_j Y_{t-j} + \mu_{1t} & (1) \\ Y_t = c_2 + \sum_{j=1}^{p} \gamma_j Y_{t-j} + \sum_{j=1}^{q} \delta_j X_{t-j} + \mu_{2t} & (2) \end{cases}$$

μ_1, μ_2 为白噪声。存在下列情况：

①若 $\beta_j = \delta_j = 0$　　$(j=1,2,\cdots,q)$，则 X_t、Y_t 互相独立；

②若 $\beta_j = 0, \delta_j \neq 0$　　$(j=1,2,\cdots,q)$，则 X_t 为 Y_t 的原因；

③若 $\beta_j \neq 0, \delta_j = 0$　　$(j=1,2,\cdots,q)$，则 Y_t 为 X_t 的原因；

④若 $\beta_j \neq 0, \delta_j \neq 0$　　$(j=1,2,\cdots,q)$，则 X_t、Y_t 互为因果。

接下来需要进行 F 检验

对于 $X_t = c_1 + \sum_{j=1}^{p} \alpha_j X_{t-j} + \sum_{j=1}^{q} \beta_j Y_{t-j} + \mu_{1t}$ 进行假设检验，设置

$$H_0 : \beta_j = 0$$
$$H_1 : \beta_j \neq 0 \quad j=1,2,\cdots,q$$

首先对模型应用 OLS，记残差平方和为 $ESS(q,p)$；再对模型 $X_t = c_1 + \sum_{j=1}^{p} \alpha_j X_{t-j} + \varepsilon_t$ 应用 OLS，记残差平方和为 $ESS(p)$。构造统计量

$$F = \frac{(ESS(p) - ESS(q,p))/p}{ESS(q,p)/(n-p-q-1)} \sim F(p, n-p-q-1)$$。给定置信水平 α，查临界值 F_α，如果 $F > F_\alpha$，拒绝 H_0，接受 H_1。

实际应用时需要对模型（1）、（2）同时检验，才能做出判断。此外格兰杰检验需要确定最优滞后期，这可以以 Akaike 最终预测差（FPE）标准为基础确定最优滞后期。可以分两步进行：

①对 $Y_t = \alpha + \sum_{j=1}^{m} \alpha_j Y_{t-j} + \varepsilon_t$ 进行估计，给定不同的 m 值，得到使下列 $FPE(m)$ 最小的 m^* 值，为 Y_t 的最优滞后期，$FPE(m) = \frac{n+m+1}{n-m-1} ESS(m)/n$，$n$ 为观测值总数。

②将 Y_t 的最优滞后期 m^* 值作为给定值代入模型。

$$Y_t = \alpha + \sum_{j=1}^{m^*} \alpha_j Y_{t-j} + \sum_{j=1}^{k} \beta_j X_{t-j} + \varepsilon_t$$，估计模型，求得使下列 $FPE(k, m^*)$ 最小的 k^* 值，为 X_t 的最优滞后期，$FPE(k, m^*) = \dfrac{n + m^* + 1}{n - m^* - 1} ESS(k, m^*) / n$。

3. 全要素生产率

全要素生产率是指"生产活动在一定时间内的效率"，是衡量单位总投入的总产量的生产率指标（即总产量与全部要素投入量之比）。全要素生产率法一般是用来考察扣除了资本和劳动投入的贡献以外其他所有能够促进经济增长的因素贡献的总和。根据内生经济增长理论可知，这些因素可能包括了基础设施建设、科技进步、产业结构调整、教育进步等。

全要素生产率的估算方法可归结为两大类，根据研究目标，本书将采用经济计量法中的隐性变量法（laten variable approach，LV）进行估算。隐性变量法是将全要素生产率视为一个隐性变量即未观测变量，从而借助状态空间模型（state space model）利用极大似然估计给出全要素生产率估算。为避免出现伪回归，需要进行模型设定检验，包括数据平稳性检验和协整检验。常见的平稳性检验和协整检验包括 ADF 单位根检验和 JJ 协整检验。

在具体估算中将采用传统的柯布—道格拉斯生产函数形式（C-D）生产函数 $Y_t = A_t L_t^\alpha K_t^\beta$，且假设规模收益不变。$Y$、$L$、$K$ 分别表示国内生产总值、劳动力和资本。α, β 分别表示劳动力和资本的产出弹性。新古典增长理论将技术进步视为由常数项式所表示的残值，来度量全要素生产率（TFP）。

对 C-D 生产函数两边取对数，则有如下观测方程：

$LN(Y_t) = LN(A_t) + \alpha LN(L_t) + \beta LN(K_t)$

由于全要素生产率被假设为扣除了资本和劳动投入的贡献以外其他所有能够促进经济增长的因素贡献的总和，因此 $LN(A_t)$ 即被看作全要素生产率。因此得到以下公式：

$$LN(Y_t) = LN(TFP_t) + \alpha LN(L_t) + \beta LN(K_t)$$

$$LN(TFP_t) = LN(Y_t) - \alpha LN(L_t) - \beta LN(K_t)$$

$$TFP_t = e^{LN(Y_t) - \alpha LN(L_t) - \beta LN(K_t)}$$

6.2 文化产业影响作用指标体系

本书的研究对象是无锡地区(包括梁溪区、滨湖区、惠山区、新吴区、锡山区、江阴市、宜兴市等区域),研究数据主要来源于《无锡年鉴》《无锡市统计年鉴》《江苏省旅游与文化产业统计年鉴》以及无锡市政府网站。主要采用2012—2018年文化产业的时间纵向序列数据以及2018年文化产业的相关横截面数据,综合运用计量经济等方法,对文化产业与地区经济增长的相互关系进行全面的考察。研究方法主要采用实证研究,使用的软件包括Eviews8.0、Deap2.1等。

在指标选取上,借鉴以往学者的研究成果,分别选取国民生产总值(Y)、文化产业增加值(X1)、文化产业法人单位数(X2)、文化产业相关就业人数(X3)、文化事业主要收入(X4)、文化企业主营收入(X5)、公共文化设施面积(X6)、各类图书馆馆藏总数(X7)、报纸杂志发行总数(X8)、电视节目播出总时长数(X9)等指标来分析评价,具体各项指标值见表6-1。

表6-1 2012—2018年文化产业相关指标

序号	国民生产总值	文化产业增加值	文化产业法人单位数	文化产业相关就业人数	文化事业主要收入	文化企业主营收入	公共文化设施面积	各类图书馆馆藏总数	报纸杂志发行总数	电视节目播出总时长数
单位	亿元	亿元	个	人	万元	千元	千平方米	千册	千册/份	小时
变量	Y	X1	X2	X3	X4	X5	X6	X7	X8	X9
2012	7564.10	295.00	5715	35210	289051	1308453	874.5	3802.4	163421	61037
2013	8036.25	321.45	5680	34465	250959	1311485	978.5	4078.9	162956	60949
2014	8205.31	336.42	5847	37501	374733	1316972	994.5	4694.7	160671	60120
2015	8685.91	364.81	6046	37337	396974	1661396	1019.5	5426.19	146508	59924
2016	9387.81	403.68	7453	43230	418254	2052319	1109.5	7369.99	132790	58908
2017	10511.80	452.00	7788	37727	612418	2464240	1108.1	8156.24	143364	58540
2018	11438.62	468.98	8316	40122	994243	2930890	1261.9	8814.38	155919	56703

6.3 影响效应的研究分析

6.3.1 时间序列相关性分析

利用 2012—2018 年无锡市国民生产总值（Y），与文化产业增加值（X1）进行 Person 相关性检验系数分析，两者相关系数 0.986（P<0.0001），详情见表 6-2。因此从时间序列来看两者高度相关，说明无锡文化产业增加值等指标与同期国民生产总值之间具有相关性。

表 6-2 文化产业增加值与地区生产总值的 Person 系数

		Y	X1
Y	皮尔逊相关系数	1	0.986（**）
	Sig.（2-tailed）		0.000
	N	7	7
X1	皮尔逊相关系数	0.986（**）	1
	Sig.（2-tailed）	0.000	
	N	7	7

**表示相关性在 0.01 水平显著。

根据 2014-2018 年无锡各地区文化产业增加值的相关数据，全市仅有新吴区、滨湖区文化产业增加值占比地区国民生产总值超过 5%，基本达到成为地区主要产业发展水平[①]；惠山区、江阴市、宜兴市、锡山区和梁溪区的文化产业发展相对滞后，其中 2018 年惠山区、江阴市文化产业增加值不到地区生产总值的 4%。其他地区 2018 年文化产业增加值大概占当年地区生产总值的 4% 左右。详情见表 6-3 所示。

---

① 一般认为，当某个产业增加值占比当地国民生产总值 5% 及以上，可以认为该产业是当地主要产业或支柱产业。

表 6-3 2012–2018 年全市各板块文化产业发展情况分析表

地区	文化产业增加值（亿元）					文化产业增加值占 GDP 比重（%）				
	2014	2015	2016	2017	2018	2014	2015	2016	2017	2018
全市	332.32	360.61	394.27	450.28	478.80	4.05	4.23	4.28	4.28	4.27
江阴市	79.86	87.85	94.20	107.6	126.18	2.90	3.05	3.06	3.08	3.40
宜兴市	41.94	46.88	52.44	59.86	67.42	3.40	3.65	3.81	3.84	4.02
梁溪区	36.57	40.82	43.23	47.18	52.80	3.78	4.04	4.04	4.05	4.29
锡山区	22.53	24.08	27.62	31.97	35.45	3.63	3.70	3.90	3.95	4.04
惠山区	15.99	17.23	18.61	22.13	26.56	2.45	2.57	2.58	2.66	2.97
滨湖区	41.87	44.18	49.15	49.52	56.81	5.83	5.89	5.93	5.95	6.44
新吴区	93.56	99.57	109.02	111.27	124.73	7.42	7.64	7.74	7.71	6.28

此外，根据无锡文化产业增加值和地区生产总值之间的散点图可以看出，二者基本呈现线性关系，因此可以初步认为无锡文化产业发展与国民经济发展存在一定的相关关系。

其次，利用 2012—2018 年无锡国民生产总值（Y），以及文化产业发展各经济指标（X1—X9）通过 Person 相关性检验系数进行相关性分析，由于各类指标所采用的单位不同，因此首先需要对指标进行无量纲化处理，经处理后得到各指标值的相关系数矩阵，见表 6-4。

第六章　无锡文化产业与经济发展相互影响的效应

表6—4　2012-2018年文化产业指标相关系数表

	Y	X1	X2	X3	X4	X5	X6	X7	X8	X9
Y	1	0.986(**)	0.964(**)	0.590	0.939(**)	0.990(**)	0.955(**)	0.972(**)	-0.438	-0.975(**)
		0.000	0.000	0.163	0.002	0.000	0.001	0.000	0.326	0.000
X1	0.986(**)	1	0.965(**)	0.650	0.877(**)	0.972(**)	0.943(**)	0.990(**)	-0.567	-0.953(**)
	0.000		0.000	0.114	0.010	0.000	0.001	0.000	0.184	0.001
X2	0.964(**)	0.965(**)	1	0.716	0.869(*)	0.977(**)	0.919(**)	0.987(**)	-0.559	-0.952(**)
	0.000	0.000		0.070	0.011	0.000	0.003	0.000	0.192	0.001
X3	0.590	0.650	0.716	1	0.479	0.610	0.697	0.730	-0.776(*)	-0.688
	0.163	0.114	0.070		0.277	0.146	0.082	0.063	0.040	0.088
X4	0.939(**)	0.877(**)	0.869(*)	0.479	1	0.934(**)	0.902(**)	0.860(*)	-0.172	-0.959(**)
	0.002	0.010	0.011	0.277		0.002	0.005	0.013	0.712	0.001
X5	0.990(**)	0.972(**)	0.977(**)	0.610	0.934(**)	1	0.933(**)	0.973(**)	-0.459	-0.971(**)

续表

	Y	X1	X2	X3	X4	X5	X6	X7	X8	X9
X6	0.955(**)	0.943(**)	0.919(**)	0.697	0.902(**)	0.933(**)	1	0.936(**)	-0.453	-0.971(**)
	0.001	0.001	0.003	0.082	0.005	0.002		0.002	0.307	0.000
X7	0.972(**)	0.990(**)	0.987(**)	0.730	0.860(*)	0.973(**)	0.936(**)	1	-0.619	-0.956(**)
	0.000	0.000	0.000	0.063	0.013	0.000	0.002		0.138	0.001
X8	-0.438	-0.567	-0.559	-0.776(*)	-0.172	-0.459	-0.453	-0.619	1	0.422
	0.326	0.184	0.192	0.040	0.712	0.301	0.307	0.138		0.345
X9	-0.975(**)	-0.953(**)	-0.952(**)	-0.688	-0.959(**)	-0.971(**)	-0.971(**)	-0.956(**)	0.422	1
	0.000	0.001	0.001	0.088	0.001	0.000	0.000	0.001	0.345	

** 表示相关性在 0.01 水平显著，

* 表示相关性在 0.05 水平显著。

从上表中可以看出，首先从时间序列来看，2012—2018年期间无锡文化产业增加值（X1）与国民生产总值（Y）相关系数高达 0.986，在 1% 显著性水平下拒绝原假设，这个结果说明无锡文化产业增加值与同期国民生产总值之间具有高度相关性。

另外，分析文化产业发展各指标指数可以看出，文化产业增加值（X1）分别与文化产业法人单位数（X2）在1%显著水平下相关，相关系数0.965，与文化产业相关就业人数（X3）在10%显著水平下高度相关，相关系数0.650；与文化事业主要收入（X4）在1%显著水平下相关，相关系数0.877；与文化企业主营收入（X5）在1%显著水平下高度相关，相关系数0.972；与公共文化设施面积（X6）在1%显著水平下高度相关，相关系数0.943；与各类图书馆馆藏总数（X7）在1%显著水平下高度相关，相关系数0.990；与报纸杂志发行总数（X8）在10%显著水平下相关，相关系数–0.567；与电视节目播出总时长数（X9）在1%显著水平下相关，相关系数–0.953。之所以文化产业增加值会与报纸杂志发行总数（X8）、电视节目播出总时长数（X9）出现负相关，主要是由于这两个变量2012—2018年的指标数值呈现下降的趋势。

同时，国民生产总值（Y）分别与文化产业法人单位数（X2）在1%显著水平下相关，相关系数0.964，与文化产业相关就业人数（X3）在10%显著水平下高度相关，相关系数0.590；与文化事业主要收入（X4）在1%显著水平下相关，相关系数0.939；与文化企业主营收入（X5）在1%显著水平下高度相关，相关系数0.990；与公共文化设施面积（X6）在1%显著水平下高度相关，相关系数0.955；与各类图书馆馆藏总数（X7）在1%显著水平下高度相关，相关系数0.972；与报纸杂志发行总数（X8）在10%显著水平下相关，相关系数–0.438；与电视节目播出总时长数（X9）在1%显著水平下相关，相关系数–0.975。同样，由于报纸杂志发行总数（X8）、电视节目播出总时长数（X9）两个变量2012—2018的指标数值呈现下降的趋势，因此国民生产总值与这两个变量呈负相关。

6.3.2 时间序列因果性分析

本书将采用格兰杰因果关系检验方法对2012—2018年无锡文化产业发展与同期国民经济增长之间的关系进行检验分析。由于各类指标所采用的单位不同，首先需要对指标进行无量纲化处理。接下来对所选择的相关指标数据进行ADF检验，通过该检验后进行格兰杰因果关系检验。

1.ADF 检验

为了使研究结果更加精确，需要对原始数据进行处理。为了消除时间序列数据异方差性，本书分别对国内生产总值（GDP）和X1—X9变量取自然对数进行

ADF 检验，其中检验类型（c, t, k），c 表示常数项，t 表示趋势项，k 表示滞后阶数，本书的检验类型采用（1，0，1）形式。

首先为了使研究结果更加精确，需要对原始数据进行处理。为了消除时间序列数据异方差性，本书分别对国内生产总值（GDP）和 X1—X9 变量取自然对数进行无量纲化处理。经过处理后的数据见表 6-5。

表 6-5 2012—2018 年时间序列变量 ADF 平稳性检验

变量	LNY	LNX_1	LNX_2	LNX_3	LNX_4	LNX_5	LNX_6	LNX_7	LNX_8	LNX_9	检验方式
ADF	5.5719	6.1726	2.0301	1.0162	2.0533	3.2280	3.3078	3.9042	-0.2519	-2.7799	原始变量检验
1%CV	-3.0074	-3.0074	-3.0074	-3.1096	-3.0074	-3.0074	-3.1096	-3.0074	-3.0074	-3.1096	
5%CV	-2.0212	-2.0212	-2.0212	-2.0440	-2.0212	-2.0212	-2.0440	-2.0212	-2.0212	-2.0440	
10%CV	-1.5973	-1.5973	-1.5973	-1.5973	-1.5973	-1.5973	-1.5973	-1.5973	-1.5973	-1.5973	

变量	LNX_3	LNX_8		变量	LNX_8	检验方式
ADF	-4.1290	-1.6594		ADF	-7.5427	二阶差分检验
1%CV	-3.1096	-3.2714		1%CV	-3.5639	
5%CV	-2.0440	-2.0823		5%CV	-2.1574	
10%CV	-1.5973	-1.5998		10%CV	-1.6105	

检验方式：一阶差分检验

经过 ADF 检验可以发现，原始变量 LNY、LNX$_1$、LNX$_2$、LNX$_4$、LNX$_5$、LNX$_6$、LNX$_7$、LNX$_9$ 的 ADF 统计量平稳，LNX$_3$、LNX$_8$ 等变量 ADF 统计值均大于 1%、5%、10% 概率条件下的临界值，因此是不平稳的。为增强数据的预测性效果，进一步检验，LNX$_5$ 一阶差分平稳，LX$_8$ 变量为二阶差分平稳，置信水平均在 5% 以上。初步判断本书研究变量基本符合格兰杰因果关系检验标准。

2. 格兰杰因果关系检验

格兰杰首次提出两个变量之间因果关系检验的方法，分为两个步骤完成：首先建立原假设 X 不是 Y 的原因；其次检验参数是否显著。本部分对 2012—2018 年文化产业发展九个指标（X1、X2、X3、X4、X5、X6、X7、X8、X9）时间序列运用格兰杰因果关系检验分析其变量之间的相互关系。分析结果如下：

表 6-6 格兰杰因果关系检验分析

原假设	观察值	F 值	P 值
LNY does not Granger Cause LNX$_1$	6	5.63145	0.0982
LNX1 does not Granger Cause LNY		1.18295	0.3563
LNY does not Granger Cause LNX$_2$	6	2.28671	0.2277
LNX2 does not Granger Cause LNY		2.23594	0.2317
LNY does not Granger Cause LNX$_3$	6	1.32787	0.3327
LNX3 does not Granger Cause LNY		6.55822	0.0831
LNY does not Granger Cause LNX$_4$	6	28.1101	0.0131
LNX4 does not Granger Cause LNY		0.54148	0.5151
LNY does not Granger Cause LNX$_5$	6	0.84925	0.4247
LNX5 does not Granger Cause LNY		2.65807	0.2015
LNY does not Granger Cause LNX$_6$	6	25.0114	0.0154
LNX6 does not Granger Cause LNY		0.0303	0.8729
LNY does not Granger Cause LNX$_7$	6	0.00904	0.9302
LNX7 does not Granger Cause LNY		17.6585	0.0246
LNY does not Granger Cause LNX$_8$	6	0.4223	0.5621
LNX8 does not Granger Cause LNY		6.66807	0.0816
LNY does not Granger Cause LNX$_9$	6	33.4067	0.0103

续表

原假设	观察值	F 值	P 值
LNX9 does not Granger Cause LNY		7.51713	0.0712
LNXX1 does not Granger Cause LNXY	4	61.2439	0.0809
LNXY does not Granger Cause LNXX$_1$		1.1056	0.4841

以上结果显示，通过两个部分的 Granger 因果关系检验可知：国内生产总值（GDP）与文化产业增加值（X1）、文化事业主要收入（X4）、公共文化设施面积（X6）等变量存在单向因果关系，即国内生产总值（GDP）是促进上述变量增长的主要原因。

文化产业相关就业人数（X3）、各类图书馆馆藏总数（X7）、报纸杂志发行总数（X8）等指标与国民生产总值（GDP）存在着单向因果关系，前3个变量（X3、X7、X8）对后者国内生产总值（GDP）增长产生了作用而且因果关系较为明显。此外，国内生产总值（GDP）与电视节目播出总时长数（X9）之间则存在互为因果关系。

其次，利用2012—2018年无锡当地国内生产总值（GDP）的变化值（LNXY）与当地文化产业增加值的变化值（LNXX1）进行 Ganger 因果关系检验发现，两者存在单向因果关系，前者是造成后者变化的原因。综合前述的分析研究，可以初步判断无锡当地文化产业增加值与当地国民经济增长之间存在双向因果关系。

因此，根据上述结果可以初步推论出，文化产业增加值（X1）、文化产业相关就业人数（X3）、各类图书馆馆藏总数（X7）、报纸杂志发行总数（X8）、电视节目播出总时长数（X9）等指标对当地国内生产总值（GDP）存在因果促进作用，对经济增长有影响作用。这一结论也初步说明无锡文化产业与当地国民经济发展之间有着重要的联系，文化产业的发展可能对当地的国民经济增长有重要的推动作用。同时，无锡地区经济的发展又会促进当地文化事业主要收入、公共文化设施面积等文化产业指标的发展。

6.3.3 对经济增长贡献分析

为进一步验证文化产业对国民经济增长的贡献作用，本书基于内生性经济增长理论，借鉴全要素生产率分析方法考量文化产业对国民经济增长的贡献率。文化产业通过内生性增长方式影响国内生产总值（GDP），具体主要表现为上述变量如何来影响全要素生产率（TFP）。根据上述分析可知，文化产业增加值（X1）、文化产业相关就业人数（X3）、图书馆馆藏总数（X7）、报纸杂志发行总数（X8）、电视节目播出总时长数（X9）等因素对 GDP 具有直接影响作用，因此将上述五个变量假定为全要素生产率基本函数变量。

为了进行全要素生产率(TFP)的测算，将采用传统的柯布-道格拉斯生产函数，且假设规模收益不变，根据国内生产总值（GDP）、全社会固定资产投入量（K）、等两个基本变量测算全要素生产率（TFP）。根据公式 $TFP_t = e^{LN(Y_t) - \alpha LN(L_t) - \beta LN(K_t)}$，选择 2012—2018 年无锡国内生产总值（GDP），以及社会固定资本投资（K）、劳动力的数据（L），运用 Deap2.1 软件计算可得到 2012—2018 年全要素生产率（TFP），见下表：

表 6-7 2012—2018 年全要素生产率（TFP）

年份	2012	2013	2014	2015	2016	2017	2018
全要素生产率（TFP）	0.746	0.707	0.772	0.841	0.907	1.000	1.000

对上述全要素时间序列数据取自然对数后，进行 ADF 检验，统计量平稳，见表 6-8。

表 6-8 2012—2018 年全要素生产率（TFP）ADF 检验值

变量	ADF	1% CV	5% CV	10%CV	P 值
LNTFP(-1)	-4.160765	-3.563915	-2.157408	-1.597318	0.0253

为了进一步研究 TFP 与 X1、X3、X7、X8、X9 等变量之间的关系，需要所有样本序列平稳才能进行相应的回归分析。因此，需要进一步采用协整方差检验。根据一般检验经验，如果时间序列数据不足的话，可以进行两两变量之间的协整检验。本书所采用的时间序列为 2012—2018 年，不能完全满足全体变量的协整检验，因此分别对 LNTFP 与 LNX$_1$、LNX$_3$、LNX$_7$、LNX$_8$、LNX$_9$ 等进行两两变量之间的协整检验，采用 EG 进行检验，首先相关变量两两检验的结果如表 6-9 所示。

表 6-9 相关研究变量协整检验相关系数

变量	系数	估计误差	t 统计量	P 值
LNX_1/LNTFP	1.208778	0.146506	8.250716	0.0004
LNX_3/LNTFP	1.121267	0.153320	7.313246	0.0007
LNX_7/LNTFP	2.386136	0.234412	10.17925	0.0002
LNX_8/LNTFP	−0.353102	0.194716	−1.813425	0.1295
LNX_9/LNTFP	−0.170469	0.033441	−5.097524	0.0038

其次，对所有配对序列的残差项时间序列 et 进行 ADF 检验，检验结果显示所有的残差项平稳。根据上述 EG 二步法协整检验结果，可以看出在 1% 显著水平下除 1 项外，其余均拒绝原假设，表明 LNTFP、LNX_1、LNX_3、LNX_7、LNX_8、LNX_9 之间可能存在着协整关系，即存在某种长期均衡关系，这也进一步揭示了文化产业增加值（X1）、文化产业相关就业人数（X3）、各类图书馆馆藏总数（X7）、报纸杂志发行总数（X8）、电视节目播出总时长数（X9）等变量可能对地区国民经济发挥了内生性经济增长作用。

在确定 LNTFP、LNX_1、LNX_3、LNX_7、LNX_8、LNX_9 等变量之间有着某种长期均衡关系后，为了能够检验上述 LNX1 等变量如何对经济增长产生影响，以及影响程度如何，将通过建立回归模型，进一步验证文化产业对经济增长的贡献度。建立如下的回归模型：

$$Y_t = C + aX1_t + a_2X3_t + a_3X7_t + a_4X8_t + a_5X9_t + \varepsilon_t$$

其中，Y 表示为国民经济发展指标 GDP，文化产业增加值（X1），文化产业相关就业人数（X3）、各类图书馆馆藏总数（X7）、报刊杂志发行总数（X8）、电视节目播出总时长数（X9）。通过分析回归方程，得到如下回归模型：

Y=40.30E+0.339X1−0.162X3+0.412X7+0.049X8−0.391X9

表 6-10 多元回归模型相关指标

模型	R	R^2	调整 R^2	F 值	P 值
	0.999（a）	0.999	0.991	136.258	0.065（a）

其中 F 值为 136.258（p=0.065），因此可以初步判断回归方程模型的总体拟合度较好[①]。

6.4 研究分析结果

通过 ADF 检验、Granger 因果关系检验、协整检验等方式，并利用多元回归对无锡市文化产业与地方经济增长之间的关系进行实证分析，初步得出以下结论。

首先，无锡地区文化产业增加值、各类图书馆馆藏总数、报纸杂志发行总数等与地区 GDP 存在正相关关系，其相关系数分别为 0.339、0.412、0.049，这意味着无锡文化产业增加值每增加 1%，地区 GDP 增加 0.339%；各类图书馆馆藏总数增加 1%，地区 GDP 增加 0.412%；报纸杂志发行总数增加 1%，地区 GDP 增加 0.049%。

其次，文化产业相关就业人数、电视节目播出总时长数与地区 GDP 存在负相关关系；其相关系数分别是 0.162、0.391；这意味着无锡文化产业相关就业人数减少 1%，地区 GDP 增加 0.162%，电视节目播出总时长数减少 1%，地区 GDP 增加 0.391%。

此外，地区 GDP 与文化事业主要收入、公共文化设施面积增加等变量存在一定的逻辑因果关系；而与文化产业法人单位数、文化企业主营收入等因素则没有逻辑因果关系。

6.5 本章小结

本章研究通过运用时间序列相关性、因果性和全要素分析方法，利用 2012—2018 年无锡文化产业主要发展指标及数据，对无锡文化产业与经济增长之间的关系进行了分析比较，通过研究主要得出以下主要结论。

时间序列的相关性研究分析论证了无锡文化产业与国民经济之间存在着一定的影响关系，尤其是文化产业的主要发展指标。

---

① 由于本部分变量是根据上文 Granger 因果检验的结果进行确定的，因此没有加入其他文化产业中可能对国民经济产生影响作用的其他变量进行验证，可能无法确定和忽视其他文化产业相关发展指标与经济增长指标之间可能存在的影响作用。

时间序列的因果关系研究分析结果进一步表明，2012—2018年间无锡文化产业与同期国内生产总值（GDP）存在着互为因果的关系。即国民经济的发展能够促进下一阶段文化创意产业增加值的提高，而文化创意产业的发展也能够为国民生产总值的增加做出贡献。

根据内生性经济增长理论以及全要素生产率分析方法，本书初步认为无锡文化产业增加值、各类图书馆馆藏总数、报刊杂质发行总数等变量与国内生产总值（GDP）之间存在显著线性相关关系。

第七章 无锡文化产业高质量发展的建议

7.1 主要研究结论

本书前面的研究结论一方面说明无锡文化产业发展对地区经济增长有一定积极作用，这与以往大多数学者的研究结论和文化产业发展趋势基本吻合。另一方面，无锡文化产业在当地发展的内在机理，对所在地区经济的增长作用方式、程度和实现路径，又与其他地方并不完全一致。本书研究表明，无锡文化产业发展以及产业内业态的发展，与地区经济增长之间是相互促进而非单一的因果关系。

作为地区国民经济结构中重要的组成部分，无锡文化产业在资源挖掘、市场消费、公共服务等领域所创造的经济利益，对本地区当年经济增长能够起到直接推动作用。从产业关联度来看，无锡文化产业的发展也极大程度上依赖国民经济总体的发展水平，特别是与第二产业和第三产业中部分行业的发展密不可分。尤其需要注意的是，双循环经济发展格局下，我国文化产业的具体业态及形式正在或将要发生巨大变化，数字化、融合化发展将成为未来文化产业发展的新常态。文化产业发展过程中的内容生产、传播方式、市场推广等关键产业链环节，都需要与研发设计、智能制造、商业推广、服务贸易等行业、部门密切合作而实现更好的价值创造。因此，在考虑无锡文化产业与地方经济发展之间的相互关系时，更加需要注意二者之间相互推动所产生的影响。

总的来看，随着人们生活水平的提高以及对美好生活向往追求的不断提升，作为第三产业重要的组成部分，文化产业在满足人们精神层面的需求、改善生活品质、提高生活质量等方面发挥着越来越重要的作用。文化产业高质量的发展与地区经济、社会发展水平的全面提升有着必然的联系。特别是在双循环经济发展背景下，在强调挖掘国内市场需求潜力，加快构建完整的内需体系，发挥巨量生产要素优势，深化要素市场化配置改革，打通生产、分配、流通、消费各个环节，提高国内大循环效率的目标要求下，文化产业由于其独特的产业特性而在创新资源有效利用、扩大市场消费规模、助推其他行业转型升级等方面具有巨大的潜在能力。

同样，地区社会经济持续稳定发展，对于文化产业提升自身发展水平、释放产业发展潜能、优化产业发展结构等方面也有显著的影响推动作用。未来，无锡文化产业的高质量发展不仅对产业自身的内涵升级，对无锡地区社会经济的提质增效，以及人民生活水平和品质的提升也会产生直接和间接的影响作用。

从无锡文化产业未来的发展趋势来看，由于文化产业在无锡国民经济体系中所占比重尚低，还没有达到成为支柱产业的标准[①]。因此，从近期发展目标看，无锡文化产业的发展要求就是提高文化产业增加值在国民经济中的比重，使无锡文化产业在总体上达到支柱产业的指标要求，在产业形态规模上，快速达到支柱产业的水平，规模化发展模式将为文化产业今后的内涵式发展奠定基础。从中长期发展目标来看，当无锡文化产业发展达到一定规模后，可以通过注重内涵式发展，提升发展质量，进而选择内涵发展与规模扩张并行之路。

基于时间序列数据，先预测2018年文化产业年增加值的增长率，据此结果预测2018年的文化产业年增加值。根据年增长7.5%来预测2018年的GDP的年值。根据前面的结果来预测文化产业年增加值占当年GDP的比例。本研究采用了两种方法（移动平均法/指数平滑法），测算结果基本一致（见表7-1、表7-2），大概在2027年前后，无锡文化产业年增加值占当年GDP的比例会超过5%，文化产业在总体上成为无锡国民经济的支柱产业。

表7-1 文化产业增加值占GDP比例预测（移动平均法）

	文化创意产业增加值（亿元）	文化创意产业增加值年增长率	文化创意产业增加值占GDP比例	GDP（亿元）	文化创意产业增加值占GDP比例预测
2012	295.000		0.039	7564.100	

[①] 产业经济学认为，当某产业增加值占当地国民生产总值的5%及以上时，可以认为该产业成为当地国民经济体系中的支柱产业。2021年无锡文化产业增加值为592亿元，占当年无锡国民生产总值的4.3%左右，因此尚未达到支柱产业的标准。

续表

	文化创意产业增加值（亿元）	文化创意产业增加值年增长率	文化创意产业增加值占GDP比例	GDP（亿元）	文化创意产业增加值占GDP比例预测
2013	321.450	0.090	0.040	8036.250	
2014	336.420	0.047	0.041	8205.310	
2015	364.810	0.084	0.042	8685.910	
2016	403.680	0.107	0.043	9387.810	
2017	452.000	0.120	0.043	10511.800	
2018	468.980	0.038	0.041	11438.620	
2019	485.945	0.036	0.041	11852.320	
2020	508.000	0.045	0.041	12370.000	
2021	592.000	0.165	0.042	14003.240	
2022	640.724	0.082		14983.467	0.043
2023	703.311	0.098		16032.309	0.044
2024	784.272	0.115		17154.571	0.046
2025	861.418	0.098		18355.391	0.047
2026	950.765	0.104		19640.268	0.048
2027	1051.293	0.106		21015.087	0.050

表7-2 文化产业增加值占GDP比例预测（指数平滑法）

	文化创意产业增加值（亿元）	文化创意产业增加值年增长率	文化创意产业增加值占GDP比例	GDP（亿元）	文化创意产业增加值占GDP比例预测
2012	295.000		0.039	7564.100	
2013	321.450	0.090	0.040	8036.250	
2014	336.420	0.047	0.041	8205.310	
2015	364.810	0.084	0.042	8685.910	

续表

	文化创意产业增加值（亿元）	文化创意产业增加值年增长率	文化创意产业增加值占GDP比例	GDP(亿元)	文化创意产业增加值占GDP比例预测
2016	403.680	0.107	0.043	9387.810	
2017	452.000	0.120	0.043	10511.800	
2018	468.980	0.038	0.041	11438.620	
2019	485.945	0.036	0.041	11852.320	
2020	508.000	0.045	0.041	12370.000	
2021	592.000	0.165	0.042	14003.240	
2022	649.050	0.096		14983.467	0.043
2023	712.195	0.097		16032.309	0.044
2024	790.369	0.110		17154.571	0.046
2025	870.818	0.102		18355.391	0.047
2026	960.635	0.103		19640.268	0.049
2027	1061.459	0.105		21015.087	0.051

7.2 对策建议

结合本书前面所分析的在双循环经济格局下，文化产业存在着通过数字化转型进一步扩大内需、通过产业内外融合为经济发展释放新能动以及需要在国际循环中寻求进一步突破等方面的新变化、新趋势、新要求；以及文化产业自始至终能够对地区国民经济和社会发展起到影响推动作用。因此，不管是从产业自身发展需要，还是从强化对国民经济和社会其他产业、行业等产生的影响推动作用来看，无锡必须高度重视未来文化产业的高质量发展问题，力争能够长期不懈地努力，使双循环时代背景下文化产业的发展达到新的高度，为实现无锡建设人民满意的共同富裕的幸福美好城市、打造践行新发展理念的高质量发展示范区、走在率先实现社会主义现代化最前列、谱写"强富美高"新无锡现代化建设新篇章提供强有力的文化支撑。要实现上述要求，无锡可以从政府、产业和企业等三个层面开展一系列工作。

7.2.1 政府政策层面

产业经济学理论认为，某产业在整个国家社会宏观大环境下运行，会受到包括政府政策等在内的环境影响。政府可以通过制定相关产业政策、构建产业运行外部环境体系等方式，来影响、引导，甚至支持或者约束某产业的发展。以往研究和实践经验也反映出，国内外一些地区或城市的文化产业发展过程，都受到文化产业政策的深刻影响。发达的文化产业国家或城市，一般都会从战略层面出发制定相关产业政策，以规范、引导和推动本地区文化产业的发展。鉴于此，未来在双循环经济发展格局下，无锡可以从政府政策层面出发，通过完善文化产业发展保障体系、优化文化产业市场环境和加强文化产业人才引培等工作来支持文化产业的高质量发展，通过提升文化产业发展水平来推动地区经济增长。

1. 完善文化产业发展的保障体系

美国经济学家阿尔伯特·赫希曼（Albert Hirschman）在其《经济发展战略》中指出著名的"赫希曼准则"，他认为政府可以通过制定、实施和完善高效的产业政策使各种资源形成良性的循环，通过其较高的产业关联度，向各个产业渗透，带动相关产业与地区经济的快速发展。

从无锡文化产业以往发展过程来看，无锡市委、市政府先后出台了一系列涉及推动文化产业高质量发展的财政税收、资源流动、人才交流等方面的鼓励性、协调性、保护性产业政策，初步形成鼓励区域性文化产业高质量发展的政策支持体系，为无锡区域文化产业高质量发展提供了有力保障。与此同时，为进一步推进无锡区域文化产业持续高质量发展，提高产业的总体效率、增强区域产业竞争力，需要对现有的文化产业政策管理体系进行必要的优化调整。

将党的领导贯穿于无锡市"十四五"文化产业发展规划组织实施的全过程，根据无锡市社会经济发展水平，结合"十四五"国民经济及社会发展规划的要求目标，按照"系统设计、整体布局、阶段优化、持续支持"的原则，围绕无锡市文化产业链、创新链的发展布局，进一步整合全市区域内文化产业的发展思路、建设方向，优化无锡市整体文化产业发展的顶层设计，实现产业资源与产业发展、产业布局、产业创新等有机结合,实现文化产业项目、资源的高效集成和配置。在进行无锡文化产业整体规划设计时,不仅要关注本市范围内产业协同创新机制的构建,还应该主动融入长江经济带、长三角一体化等区域发展的大战略之中,积极思考基于上述区域内文化产业链和创新链的协同体系和功能分工。主动破除一些制约跨区域资金、技术等文化产业创新资源流动的体制政策障碍,加强与其他城市文化产业的协同联动。支持本地各类文化产业项目,文创企业等产业主体主动与长江经济带区域内的相关项目、平台等建立合作联盟关系,促进文化产业资源开放共享和深度融合,提高文化产业的发展内涵,推动地区经济的增长。

另外,加强重大事项研究,制定文化产业政策规划,引导文创经济重点发展方向,规范文化遗产专项扶持资金管理,加强文化宣传与公共服务,积极构建党委领导、政府负责、社会协同、公众参与的文化工作格局。及时优化和完善无锡市全区域文化建设扶持政策,加大政策宣传引导力度。制定与产业导向相匹配的政府资金使用办法,整合规范各类文化建设专项资金,保持基本公共文化服务财政支出与经济社会发展总体水平和政府财力的增长相适应,优化财政在文化领域的投入结构和投入方式,充分发挥财政资金的引导和带动作用,支持有市场发展前景的文化项目的产业化,支持关键技术的开发,促进文化产业链的形成,提升双循环经济下文化产业链的质量。

逐步建立政府导向、多元投入的文化产业投资体制,政府有关部门定期向社会公布文化产业投资指导目录,引导各类社会资本投入文化产业,并在规划、用地、税收等各方面给予国民待遇。按照《国务院关于非公有资本进入文化产业的若干决定》要求,深化"放管服"改革,优化行政审批,营造更加宽容开放的文化发展环境。加强文化领域行业组织建设,发展各类文化市场中介服务机构,鼓励各类主体积极参与无锡的文化建设。

内容创意是文化产业的核心,由于创意属于智力创造活动,具有原创性、知识性等特点,因此需要通过产权等形式加以保护,以尊重和鼓励创意者的智力劳动成果。因此,文化产业在发展过程中,也要注重产权保护问题。为了推动无锡市文化产业持续高质量发展,需要通过完善相关政策、法规,建立知识产权法庭等方式,健全无锡市文化产业知识保护、产权保护体系。同时,加强对知识产权的宣传等,提高社会、大众和企业对文化产业知识产权保护问题的关注度和重视度,为文化产业健康发展提供良好的法治环境,以保护文化产业中众多文化企业的积极性，提高其为地区经济服务的热情。

2.优化文化产业发展的市场环境

加快文化市场主体的培训，放宽市场准入条件，除了国家明令禁止社会力量进入的文化领域外，全面向社会资本开放，逐步形成投资主体多元化、投资方式多样化、投资机制市场化的文化投融资体制。鼓励、支持和引导社会各类资本以多种形式投资文化产业，参与文化基础设施建设，兴办影视制作、动漫、放映、演艺、娱乐、印刷、发行、会展、中介服务、体育、网络制作、艺术品等文化企业，并享受与国有文化企业同等的待遇；增强国有文化企业的活力和市场竞争力，对国有文化企业和具备市场化条件的国有文化事业单位，按照产业化发展的方向和现代企业制度的要求，进行公司制改造，使其在市场中自主经营，发展壮大；发展一批社会力量兴办的中小型文化企业，填补市场空间，优化市场结构，促进市场竞争；鼓励和扶持文化企业以资本和业务为纽带，实施跨行业、跨地区、跨不同所有制规模扩张，做大做强一批拥有知名品牌和具有自主知识产权，整体创新能力、市场开拓能力、成本控制能力较强的支柱性文化产业集团；支持和引导社会资本发展科技含量高的文化产业，增加文化产品的科技附加值，提高文化产业的现代化水平，帮助文化产业提升服务地方经济增长的内涵能力。

改善文化消费环境，引导文化消费观念。适应市场需求，生产和提供多品种、多层次、多形式的文化产品和服务，积极促进文化与旅游、文化与体育、文化与其他产业的结合，促进文化消费市场的繁荣。制定管理办法、行业标准和执业许可制度，发展独立公正、规范运作的文化咨询、代理等中介机构，培育和扶持一批诚信度高的文化中介品牌。规范和发展各类行业协会，充分发挥行业协会的组织、协调、沟通和服务的功能。培育和规范文化市场体系，依法加强对文化产品和服务的市场准入、生产制作、市场营销的监督管理，充分运用法律和政策手段解决文化产业发展中出现的新问题、新情况，建设具有全省及全国影响力的文化产品专业市场和文化生产要素市场。通过文化消费市场的优化，为文化产业发展提供更广阔的空间，以及可观的产业回报。同时，能够利用消费市场的拉动作用，推动文化产业的发展和经济增长的提高。

继续推进文化管理体制改革，逐步建立与社会主义市场经济体制相适应、导向正确、调控有序、富有活力、协调发展的文化消费市场管理体制和运行机制。进一步明确文化行政管理部门职责，实现由政府以办文化为主向以管文化为主的转变，政府部门的主要职能为统筹规划、制定政策、把握导向、组织协调、检查监督、搞好服务等，营造有利于促进文化产业发展的宏观环境，保护文化企业的积极性。

3. 加强文化产业发展的人才引培

各类人才（特别是创新人才）的数量和质量始终是决定地区产业发展的重要因素之一，也是推动文化产业各类业态高质量、可持续发展的重要资源之一。作为苏南地区较为发达的重要城市之一，无锡以往对各类人才有独特的吸引力；还由于地处长三角地理的几何中心，可以享受周边大城市的人才"溢出效应"。但是从近几年无锡人口变化情况来看，和南京、苏州等周边城市相比，不仅新增常住人口数量有限，高层次（创新）人才集聚效应也不够明显，人才因素将成为影响无锡文化产业可持续创新发展的重要制约因素之一。这其中既有无锡本地高校等文化产业人才培养重要载体数量少，人才培养规模小等原因；也与高铁、城际等现代化交通工具普及后带来的人才"虹吸现象"有关。在这种情况下，优化人才引进培育机制，完善人才聚集政策环境，激发产业人才的创新活力和主动性，对于无锡今后维持和提升文化产业创新竞争力尤为重要。

首先要将文化产业创新人才的引培作为与文化产业项目引进等工作同等重要的战略任务之一，在现有"太湖人才计划"基础上，根据无锡文化产业未来发展的需要，做好文化产业创新人才集聚的总体规划。进一步优化现有的人才引进培育政策，以及协调市区两级政府及不同主管部门之间的人才政策，营造良好的人才引培政策体系，和引人、育人、用人的机制。

在文化产业创新人才引进方面，要注意不同层次、不同类别创新人才梯队建设。既要关注那些在文化创意、技术创新等方面具有高素质、前沿性的专业创新人才，以及能够推动本地传统文化产业转型升级的创新型企业家、行业专家等高端创新人才；又要关注那些能够带来商业模式创新的经营管理人才，以及那些掌握能够较快实现产业化技术的创新创业类人才。

在人才引进的政策方面，既要优化现有的引进政策，完善更具灵活性的激励政策，提高人才配套服务体系的质量和水平，为引进的文化产业创新人才创造良好的工作、生活环境；要尽量减少人才"虹吸现象"的负面影响，设计更具有吸引力的创新人才引进合作政策。积极推进和深化科研人员飞地研究等柔性引才模式，并针对这种模式调整优化相应的人才使用配套措施。

在注重外部人才引进的同时，也要关注本市各类文化产业创新人才的培养。积极主动地与当地高校、研究院所等人才培养主体进行联系合作，根据无锡文化产业未来的发展需要，鼓励和支持高校开设与文化产业发展相关的专业；鼓励本地职业院校创新机制，培养高素质的技术技能型人才，为无锡文化产业发展构建结构、层次合理的创新人才体系。

7.2.2 产业发展层面

产业层面主要关注产业内部各相关主体之间的关联性。同时，作为国民经济体系的组成部分，某产业的发展也与其他产业、行业的发展密不可分。双循环经济发展格局下，文化产业通过技术应用、商业模式等方式，与其他社会经济体系中的行业、部门发生着越来越频繁的互动。因此，从产业发展层面来看，未来无锡文化产业应该在推动产业集聚发展、创新文化产业的发展模式等方面努力，争取提高无锡地区文化产业的综合水平和竞争力，更好地在国民经济体系中发挥更大的作用。

1. 推动文化产业的集聚发展

无锡文化产业的从业人员结构和质量需要进一步优化和提升。从生产过程组织和资源投入来看，与传统产业形式不同，文化产业的发展主要依赖于文化内容资源和智力的投入，而非简单的资源数量和形态上的投入。

因此，未来无锡文化产业要加快集聚式发展，根据全市各区文化资源禀赋、产业资源基础和市场消费特征，推动不同区域的文化产业园区建设，合理布局一批特色鲜明、主业突出、集聚度高的文化产业园区和基地。引导各地区依托资源禀赋建设一批重点集聚区，形成布局合理、特色鲜明、优势互补的全市文化产业发展新格局。探索应用"科创飞地""园区+专业招商""园区+智库""园区+产业平台"等合作模式，推动园区提档升级。整合优化现有文化资源，集聚产业要素，坚持产业的集约化、规模化、现代化发展，规划建设一批文化产业园区和产业集聚区，形成"产业集群+领军企业+特色园区"产业生态推进态势。

具体来看，以无锡国家数字电影产业园为龙头，引导锡山、惠山、宜兴影视产业差异化集聚化发展，支持无锡（国家）工业设计园发展壮大，推动工业设计向高端综合设计延伸，打造以工业设计为龙头的创新设计资源集聚区。推进国家级夜间文化和旅游消费集聚区建设。完善运营管理体系，扩大主导产业规模，提高专业化服务水平，推动产业资源和配套服务设施向重点区域倾斜。协调推动有关奖补政策落地，支持符合条件的各级集聚区开展公共服务平台建设和小微企业孵化、贷款担保等。

本书研究也表明，单纯的从业人数增加并不能对地区经济发展产生推动作用。要想更好地发展无锡的文化产业，提升文化产业发展的内涵质量，就不能一味追求产业从业人员数量上的增长，而应注重文化产业从业人员的结构优化和质量提升。以往研究表明，由于依赖知识、智慧和创造力等无形智力资本，文化创意人才会呈现出中心城市或大城市聚集的现象。因此，对于无锡这样的城市，通过营造良好的社会氛围、提升公共设施条件、创造有利的产业环境、完善人才激励机制等方式来吸引高质量的文化创意人才，具有十分重要的意义。

2. 加快与其他产业的融合发展

从产业发展内涵看，文化产业未来将具有更丰富的业态形式以及更广阔的外延发展，可以通过与国民经济和社会发展系统中的其他产业结合、融合发展，创造出更多的发展形势。因此，在未来发展中，无锡应该更重视文化产业在整个区域经济发展体系中的地位和作用，将文化产业与其他产业深度融合，构建全方位、深层次的发展格局。通过进一步的融合发展，不仅能够为文化产业发展内涵注入新的活力，同样能够通过提升文化产业内涵质量，为文化产业推动无锡地区经济增长提供新的动能。

（1）文化与创意的融合发展

创意活动是文化产业的核心，是文化产业价值链创造过程的核心和主要经济价值贡献的来源，尤其在传媒、娱乐、艺术等行业中的创意活动，包括内容原创能力及内容资源集成配置越来越成为价值链的核心环节。

围绕创意设计价值链重塑创新链，推动创意设计与文化先进制造业、其他战略性新兴产业相结合，通过与文化元素的结合加快提升时尚设计、工业设计等设计服务中的原始创新和集成创新。支持无锡（国家）工业设计园发展壮大，推动工业设计向体现文化元素的高端综合设计延伸，打造以工业创意设计为龙头的创新设计资源集聚区。推动创意设计与制造业、消费品工业、农业等融合发展，在创新设计过程中充分融入具有无锡地方特色的文化元素。

（2）文化与旅游的融合发展

随着人们生活水平的提高以及对于旅游消费需求的不断增加，人们对于旅游消费全过程中的文化元素的要求越来越高。可以说，对于文化元素的追求是今后旅游消费中的灵魂和核心。未来无锡应该充分注重旅游资源与文化内涵的融合发展，这既有利于提升无锡旅游资源的应用范围和效率，又可以通过旅游资源和载体传播无锡文化特色。

"文化+旅游"，即在文化的基础上融合旅游，重点在以下几方面融合。一是加强文化设施场所的旅游开发利用，提升博物馆、美术馆、文化馆、图书馆等公共文化场所的旅游功能，提升旅游服务质量。二是加强文物的保护开发利用，以省级以上重点文物保护单位为重点，在充分保护文物的基础上对文物进行旅游利用开发，活化文物资源，形成一批公共性文化景观。三是加强非物质文化的旅游开发利用，以非物质文化遗产为重点，结合地域特色，进行非物质文化展示、非物质文化技艺演示、非物质文化体验等旅游活动开发，大力发展非物质文化旅游。四是加强文化艺术活动的旅游开发，以地方文化艺术地标、地方文艺演出精品等为旅游吸引物，大力开发以文化艺术为主题的旅游线路产品，发展地方文化艺术旅游。此外，加快构建"文化+旅游"的深度融合发展格局，形成两者共荣共生、共建共享的发展状态。以江苏省文化和旅游产业融合发展示范区、江苏省文化和旅游消费试点城市为契机，提炼无锡文化和旅游融合品牌形象，推出一批文化和旅游融合示范企业，打造一批文化和旅游融合龙头产品，形成具有鲜明无锡地方特色的"文化+旅游"融合IP。

（3）文化与科技的融合发展

文化产业发展历程都伴随着一定技术手段的应用场景，以往的印刷、电信等技术在新闻出版、电影电视等业态的设计、生产和传播等环节发挥过重要作用，而以信息、网络、数字技术为代表的新一代高科技正在给文化产业带来新的影响、变化，为数字文化内容生产、传播和市场应用提供了广阔空间。在推动文化产业高质量发展的今天和未来，无锡必须注重科技与文化的融合发展。

首先应该充分认识以5G、大数据、云计算、VR、AR、人工智能、区块链、元宇宙等为代表的新技术在文化产业的创意设计、内容生产、市场传播等环节中可能发挥的影响作用。树立科技与文化融合发展理念，将信息、网络、数字技术等新一代技术和元素融合到文化产业的发展中，利用这些新科技、新技术结合智力活动创造产生出新的文化产品。其次，要注重培育符合无锡特色的数字文化产业新形态。信息、网络和数字技术等的广泛应用，催生了包括数字电视、网络文学、数字影音、网络游戏、电子竞技等新一代的文化产业业态，大大地丰富了文化产品和服务市场的种类，扩大了产业规模。

(4) 文化与商业的融合发展

随着人们消费水平的升级，如今的商业活动不再是简单的消费形式，其中的文化元素将会越来越凸显，文化与商业的融合，不仅能够更好地适应消费群体多样化的需求和商业市场竞争的升级，还能为文化产业和商业活动提供新的发展方向。

无锡作为传统的工商业城市，具有较为悠久的商业城市历史和商业文明传统。同样，这些高质量的商业氛围也能够为文化元素的传播推广提供丰富的舞台和渠道。

首先可以通过深度挖掘无锡属地文化，重建旧的情感连接，让商业更有温度，吸引更多的消费者，扩大商业市场规模。未来，无锡应鼓励把文化消费嵌入各类消费场所，支持社会力量在大型商业综合体、中心城区户外空间利用文化元素举行艺术展览和演出活动，发挥资源集成优势，丰富商品与服务市场供给，建设"历史有根、文化有脉、商业有魂、经营有道、品牌有名、数字引领"的高品质商业街区。其次，以人格化、沉浸式的方式，通过文化元素与新商业形态的结合，鼓励发展"创客空间""创新工场"等，衍生和丰富新商业形态，增强消费者的文化式、沉浸式的商业消费体验感，以创新的手段和理念，对原生文化进行演绎和深化，形成商业中新的文化特征，形成文商新的产业链，构筑文商新的生态链。

(5) 文化与城市的融合发展

现代城市的主要功能是为社会经济的发展提供要素动能，满足社会公众的各种需要。城市是土地、资金、人才、技术等发展和创新要素的主要集聚地，更是文化、历史等元素传承和发展的主要载体。城市的发展不仅需要建筑、设施、道路、广场等硬件环境要素的建设和完善，更需要文化、精神、人文等软件环境要素的引领和熏陶。文化决定城市活力、潜力和创新，推动城市发展必须繁荣文化。作为拥有三千多年历史的无锡，未来的城市规划建设应更注重与文化元素的深度融合发展。

加强顶层规划，依托无锡山水资源优势和特色文化优势，深挖文化内涵、打造文化地标，持续提升无锡城市文化标识度。认真组织无锡江南文明探源、中国乡镇企业发祥地溯源等研究，挖掘锡商文化发展脉络，推进相关博物馆、陈列馆、纪念馆等公共文化场所的建设，提升无锡江南文化、工商文化标识度。

3. 创新文化产业的发展模式

无锡文化产业未来的发展需要在产业属性、产业结构等方面进一步创新完善，以便能够更好地发挥其产业经济性的价值。由于产业的特殊性，文化产业兼具社会性和经济性双重属性。文化产业天然具备引导社会主流价值观、树立国家软实力形象社会属性，同时还发挥着为社会创造价值利益的经济属性。本书的研究结论也进一步揭示，图书、新闻出版、广播影视等行业不仅承担着意识形态宣传等社会属性的作用，同时也能对文化产业增加值，乃至当地经济发展产生影响推动作用。因此，对于新闻出版、影视传播等传统文化产业业态，在强化其社会属性的同时，可以以内容创意为核心构建网络产业链，实现文化产品及其衍生品多轮消费的发展模式。

其次，产业发展一般有两种模式，即单纯依靠市场的自发演化的方式和政府主导的方式。自发演化的方式是完全走市场化的道路，而政府主导的方式是比较典型的计划模式。这两种比较极端的模式都存在问题。对于当前我国的文化产业发展而言，宜采取"政府引导，市场主导"的模式，发挥政府与市场两方面的优势。对于后发的幼稚型产业，政府调控与规划引导的发展方式常常比产业自发演化发展更有效率，尤其是在产业初始成长的关键阶段，可以少走弯路。纵观国际上文化产业发展的成功经验，无不看到政府的身影。各国政府都将文化产业的发展建设提升到国家最高意志层面，在科学的发展规划、完善的政策体系、健全的法律法规等方面为文化产业的快速持续发展提供了重要保证。

因此，未来无锡文化产业的发展将采取"政府引导，市场主导"模式，政府要做好文化创意产业发展规划，创造产业起飞条件，发挥第一驱动力的作用。按照上述原则，无锡文化产业要注重各地区、各板块的非均衡发展。基于无锡市八大区域文化产业发展增加值，对各地区文化产业发展基础、资源等条件进一步分析可以看出，由于文化产业的地域格局是行政空间和经济空间结构相互作用的产物，因此各区域文化产业发展程度是不均衡的，影响因素也存在较大差异。根据"赫希曼准则"，经济区域的资源均是有限的。当各区域不平衡时，不能采取"一刀切"的发展模式，而应采取非均衡发展模式。应针对不同区域、不同产业形态的具体情况，采取适宜的发展战略；拓宽文化产业空间格局，提前布局文化产业功能区，推动产业资源和配套设施向重点区域倾斜。

具体来看，对于无锡文化产业未来的发展而言，产业发展基础较好的区域（如新吴区、滨湖区等），以及市场属性较强的行业（如文创、数字、影视等），应采用市场驱动型的发展模式，通过提供公平合理、充分竞争的良好环境，以文化市场的供求关系以及价格机制推动产业的发展。对于一些产业基础较为薄弱，但具有一定发展潜力的区域（如梁溪区、锡山区等）和行业（文化中介服务等），采用市场与政府混合驱动的模式较为合适。即在发展初期在投融资、基础设施等方面应给予适当扶持，帮助他们能够更好更快地发展。同时也应该创造市场运行的条件，待到机会成熟时，也要借助市场的力量来提升文化产业主体的效率。对于产业内文化属性较强的行业（如新闻信息服务等），以及产业发展基础较差的地区（如惠山区等），宜采用政府驱动型的发展模式，即政府相关部门在文化产业的发展过程中扮演更为主要的角色，通过政府干预的方式来推动文化产业中相关业态的发展。

7.2.3 企业运行层面

文化产业的运行主体是文化企业，它们既是各种文化产业政策的执行者，又是文化产业日常经营运行等行动的实施载体。因此，某地区文创企业发展水平的高低，将直接决定该地区文化产业的发展水平。

近十年，无锡文化产业取得了长足进步，其中域内文化类企业做出了很大贡献。文化企业总数超2万家，规模以上文化单位1000余家，从业人员超10万人，27家企业获评江苏省重点文化科技企业，4家企业获评江苏民营企业30强，16家文化企业在国内外上市或挂牌。但是与北京、上海、杭州、深圳、苏州等一些国内城市的文化企业相比较，无锡域内的文化企业还存在规模体量较小、核心竞争力不足等劣势。未来，为了更好地推动无锡地区文化产业的发展，无锡文化企业需要在组织能力、自主创新、市场拓展等方面进一步强化完善——强化自身的经营能力，提高经营水平，为地方经济发展做出更大的贡献。

1. 重塑文化企业的组织管理

鉴于文化产业的文化属性、创意核心和技术载体等共同特征，文化企业可以被看作以先进的科学技术为手段和表现形式，以向顾客提供差异化的、有新意的并具有文化内涵的产品或服务为目的的组织。它是经济、文化、技术等相互融合的产物，具有高度的融合性、较强的渗透性和辐射力。

鉴于文化产业的社会性、经济性的双重属性特征，从经济规模来看，目前我国文化资本市场仍处在发展的初级阶段，文化产业资本市场的主体仍以国有控股企业为主。因此，未来要进一步提高无锡区域文化企业的市场竞争力，这就需要进一步完善现代文化企业制度，优化文化企业内部的管理体制和运行机制。

第七章　无锡文化产业高质量发展的建议

此外，随着信息、网络、数字技术在文化产业的普及和应用，文化企业的组织运行、产品开发、市场拓展等活动不可避免地受到了文化产业技术的影响。这些产业技术不仅重新塑造了文化企业内部的技术部门，还会影响其业务流程和管理模式，使得文化企业组织边界变得更加开放和透明。作为文化企业，要想适应这一形势的变化，就需要进行组织结构方面的优化调整。对于文化企业来说，创意活动是其经营和运行的核心，这就需要将组织内部原有的纵向信息流的传递方式，优化为横向甚至网络状的流动方式，减少企业内部传统上传下达或 U 型的沟通方式带来的信息失真、衰减现象。

无锡文化企业尤其要关注线上信息技术和工具的应用，在 ERP、MIS、CRM、OA 等原有企业信息管理系统的基础上，进一步引入社交媒体、云计算、物联网等新型信息化工具设施，以及相应的应用软件和数据库等，并且确保有足够的数据获取传感器和存储空间，以便构建能够实现虚拟化实践社区运行的基础设施平台。以往研究表明提高组织的学习能力，促进组织内部的交流和分享，将有助于促成企业内部的知识类资源的积累和传递，形成自身的独特的隐性创新资源。这些隐性创新资源的构建对于文化创意企业来说尤为重要，它们能够帮助企业更好地开展智力创造活动，从而提高创新活动的转化和成功率。

2. 提升文化企业的经营能力

企业经营能力一般是指企业对自身拥有各种资源的分配、使用和运营能力，包括能够保持企业的竞争力、营利性和可持续发展的综合能力。不同于传统以土地、资金、设备、技术等资源为基础的企业经营活动，文化企业经营活动更多依赖于创意、设计、传播等智力活动，因此无锡文化企业需要构建适合无锡文化产业发展以及自身资源特征的经营能力。未来，按照无锡文化产业规划目标要求，无锡文化企业要实现规模以上企业 1500 家，新增营收超百亿企业 2 家，超十亿企业 20 家，全国文化企业三十强（提名）实现零突破。对于无锡文化企业来说，应该根据无锡文化产业高质量发展规划的目标，从构建丰富创意设计、多元投融资、市场传播和国际化贸易等能力着手提升其自身经营能力。

文化产业活动的核心和灵魂是创意，因此无锡文化企业要优化经营能力，首先需要提升和丰富创意设计能力。文化产业高质量发展的今天，借助于发达的信息化、数字化、人工智能、移动互联网等高科技手段，挖掘无锡当地历史、人文

· 113 ·

等文化元素资源,创意设计满足市场客户多元化的消费需求,甚至衍生、创造新的文化产品消费形式,用高科技结合文化元素重构无锡文化产业链,优化无锡文化创新链,提高无锡文化产品技术创意内涵,推动文化消费产品走向更广阔的市场舞台,提升整个无锡文化产业影响力和竞争力,是当前无锡文化企业提升经营能力的首要任务。

此外,良好的文化企业经营能力还体现在对市场推广的掌控方面,尤其是随着社会经济的发展,人们可支配收入的增加,对美好生活向往追求的提升,当前社会公众对于文化消费产品和市场有越来越诉求,市场规模和前景也随之越来越广阔。在此基础上,无锡文化企业一定要优化提升其市场传播能力。从文化产业发展的实践经验来看,任何的创意设计或者文化时尚元素,如果不能实现商业化,获得商业利益成果,那么这种创意设计或文化元素早晚会被市场所淘汰。因此,无锡文化企业不仅仅需要通过智力活动与文化元素、内容的相结合,提供文化产品和服务的原创构思设计;还应该具备能够通过结合技术活动高效率地组织生产文化创意产品或服务的创意运营管理和组织能力。

最后,对于无锡文化企业来说还应该尽快培育和提升其国际化经营能力。鉴于文化产业的社会、经济等双重属性特征,未来文化产业不仅仅具有一般产业的经济性,还具有宣传、传播国家软实力,传播中华文化,促进与世界其他国家地区的文化交流等属性。对于文化企业来说,要实现上述目标,就要提升自身的国际化经营能力。一方面,对于无锡文化企业来说,要积极考虑介入世界文化产业市场体系中,参与国际文化资源的优化配置,积极借鉴国外文化产业发展的成功经验,提高企业自身经营效率和可持续发展能力。另一方面,对于无锡企业来说,要积极研究国外文化市场特征,找准文化产业出口和国际贸易的切入点,选择文化元素相近或相似,差异性较小的东亚、东南亚市场作为突破点,然后再扩张到欧美等成熟市场。扩大紫砂、泥人、锡绣、民族乐器等具有无锡特色文化产品的出口,打造无锡文化出口国际品牌。积极扩大影视制作、网络文化、创意设计等新兴文化服务出口规模。无锡文化企业还可以考虑借助电子商务、众筹众包、资本输出、创意输出等新型交易模式拓展国际业务,拓展"数字+服务"新模式新业态,争取创建国家级数字服务出口基地。

7.3 本章小结

本章主要双循环经济发展格局下,未来无锡文化产业高质量发展,以及进一步推动地区经济发展的问题提出相关建议。相关建议主要对政府、行业和企业等三个层面所提出。政府层面:完善文化产业发展的保障体系;优化文化产业发展的市场环境;加强文化产业发展的人才引培。产业层面:应推动文化产业的集聚发展、加快与其他产业融合发展、创新文化产业的发展模式。企业层面:应重塑文化企业的组织管理、提升文化企业的经营能力。

参考文献

[1] 林毅夫.双循环提出的深意与落实中的关键点[J].理论学习与探索，2021（05）：4.

[2] 章迪平.基于灰色关联分析的文化产业发展影响因素研究：以浙江省为例[J].浙江工商大学学报，2013（03）：92-97.

[3] 苑浩.全球文化产业发展的最新趋势及政策分析[J].国外社会科学，2006（01）：45-52.

[4] 沈坤荣，赵倩.以双循环新发展格局推动"十四五"时期经济高质量发展[J].经济纵横，2020（10）：18-25.

[5] 彭小兵，韦冬萍.激活民间社会活力："双循环"新发展格局的缘起、基础和治理[J].重庆大学学报（社会科学版），2020，26（06）：35-43.

[6] 董志勇，李成明.国内国际双循环新发展格局：历史溯源、逻辑阐释与政策导向[J].中共中央党校（国家行政学院）学报，2020，24（05）：47-55.

[7] 蒲清平，杨聪林.构建"双循环"新发展格局的现实逻辑、实施路径与时代价值[J].重庆大学学报（社会科学版），2020（06）：24-34.

[8] 张永亮."双循环"新发展格局：事关全局的系统性深层次变革[J].价格理论与实践，2020（07）：4-7.

[9] 郝志强."十四五"时期构建"双循环"新发展格局的实践选择：基于党的十九届五中全会精神的解读[J].社会科学动态，2020（12）：51-57.

[10] 郭爱君."双循环"格局下县域经济发展的新思路[J].人民论坛，2021（02）：34-37.

[11] 张永亮."双循环"新发展格局：事关全局的系统性深层次变革[J].价格理论与实践，2020（07）：4-7.

[12] 刘立军."双循环"新发展格局的核心：产业链奠基、创新链赋能[J].江苏师范大学学报（哲学社会科学版），2021，47（01）：113-122.

[13] 何雄伟."双循环"新发展格局背景下我国科技创新的战略选择[J].企业经济,2020,39(11):140-146.

[14] 任保平,豆渊博."十四五"时期构建新发展格局推动经济高质量发展的路径与政策[J].人文杂志,2021(01):1-8.

[15] 杨小海."双循环经济",可能是"十四五"规划的重要底层逻辑[J].中外管理,2020(08):30-32.

[16] 张倩肖,李佳霖.构建"双循环"区域发展新格局[J].兰州大学学报(社会科学版),2021,49(01):39-47.

[17] 杨旦修,聂钰石.文化创意产业的概念整合与升级[J].重庆社会科学,2010(02):79-82.

[18] 祁述裕.文化产业,还是文化创意产业?[J].学术探索,2009(05):29-30.

[19] 郝丽丽.论文化产业中社会效益和经济效益的关系[J].市场研究,2018(04):72-73.

[20] 范玉刚.新时代文化产业发展的使命担当[J].东岳论丛,2021,42(05):5-13.

[21] 陈立旭,陈希颜.转变文化产业发展方式:浙江的探索与历程[J].中共宁波市委党校学报,2021,43(03):5-14.

[22] 钞小静,惠康.中国经济增长质量的测度[J].数量经济技术经济研究,2009,26(06):75-86.

[23] 任保平,钞小静.中国经济增长结构与经济增长质量的实证分析[J].当代经济科学,2011,33(06):50-56.

[24] 于津平,许小雨.长三角经济增长方式与外资利用效应研究[J].国际贸易问题,2011(01):72-81.

[25] 赵文军,葛纯宝.我国经济增长方式变化特征及其成因:基于248个地级以上城市的实证分析[J].财贸研究,2019,30(11):14-25.

[26] 周灵.环境规制约束下的经济增长方式转变研究:基于"新常态"视角[J].改革与战略,2015,31(10):9-13.

[27] 杨志江,罗掌华.我国经济增长方式绿色转型的驱动因素研究[J].科学管理研究,2019,37(01):9-12.

[28] 刘光岭,卢宁.全要素生产率的测算与分解:研究述评[J].经济学态,2008(10):79-82.

[29] 沈利生，王恒. 增加值率下降意味着什么 [J]. 经济研究，2006（03）：59-66.

[30] 刘瑞翔，安同良. 中国经济增长的动力来源与转换展望：基于最终需求角度的分析 [J]. 经济研究，2011，46（07）：30-41.

[31] 范金，姜卫民，刘瑞翔. 增加值率能否反映经济增长质量？[J]. 数量经济技术经济研究，2017，34（02）：21-37.

[32] 俞安军，韩士专，张顺超. 利用C-D函数测算中国经济增长的质量及方式 [J]. 统计与决策，2007（24）：48-49.

[33] 肖欢明. 基于绿色GDP的我国经济增长质量测度 [J]. 统计与决策，2014（09）：27-29.

[34] 刘文革，周文召，仲深，等. 金融发展中的政府干预、资本化进程与经济增长质量 [J]. 经济学家，2014（03）：64-73.

[35] 陈燕儿，蒋伏心，白俊红. 中国高技术产业发展的质量检验：基于全要素生产率的视角 [J]. 研究与发展管理，2018，30（06）：117-127.

[36] 赵文军，葛纯宝. 我国经济增长方式变化特征及其成因：基于248个地级以上城市的实证分析 [J]. 财贸研究，2019，30（11）：14-25.

[37] 徐辉，杨志辉. 密切值模型在经济增长质量综合评价计算中的应用 [J]. 统计与决策，2005（23）：22-23.

[38] 马轶群，史安娜. 金融发展对中国经济增长质量的影响研究：基于VAR模型的实证分析 [J]. 国际金融研究，2012（11）：30-39.

[39] 李荣富，王萍，傅懿兵. 安徽各市经济增长质量动态多指标综合评价：基于面板数据投影寻踪模型 [J]. 淮北师范大学学报（哲学社会科学版），2013，34（15）：42-46.

[40] 朱子云. 中国经济增长质量的变动趋势与提升动能分析 [J]. 数量经济技术经济研究，2019，36（05）：23-43.

[41] 岳芃. 西安文化创意产业的产业关联度分析 [J]. 西安交通大学学报（社会科学版），2008（06）：13-16.

[42] 邓达，周易江，张斯文. 文化创意产业关联性实证研究 [J]. 经济纵横，2012（12）：40-43.

附录1：全国文化产业相关政策法规

2012—2022年全国文化创意产业相关政策法规（文化部及相关部门）汇总

2012年政策法规

序号	名称	日期
1	文化部关于印发《文化市场重大案件管理办法》的通知	2012年7月30日
2	文化部关于鼓励和引导民间资本进入文化领域的实施意见	2012年6月28日
3	文化部办公厅关于印发《文化市场综合行政执法人员行为规范》的通知	2012年5月29日
4	文化部文化市场司关于征求对《演出经纪人管理办法》（稿）意见的函	2012年4月27日
5	文化部办公厅关于进一步加强12318文化市场举报监督体系建设的通知	2012年3月14日
6	文化部关于印发《文化部"十二五"时期文化产业倍增计划》的通知	2012年2月23日
7	文化部关于加强非物质文化遗产生产性保护的指导意见	2012年2月14日

2013年政策法规

序号	名称	日期
1	娱乐场所管理办法	2013年1月25日
2	文化部关于印发《文化部"十二五"时期公共文化服务体系建设实施纲要》的通知	2013年1月14日
3	文化部关于印发《全国文化信息资源共享工程"十二五"规划纲要》的通知	2013年1月30日

续表

序号	名称	日期
4	文化部关于印发《全国公共图书馆事业发展"十二五"规划》的通知	2013年1月31日
5	关于支持转企改制国有文艺院团改革发展的指导意见	2013年6月13日
6	文化部关于印发《文化部信息化发展纲要》的通知	2013年9月11日
7	文化部关于发布文化市场行政审批办事指南和业务手册的通知	2013年8月28日
8	文化部关于加强行政审批规范化建设开展文化市场行政审批大检查的通知	2013年3月7日
9	文化部关于做好2013年动漫企业认定有关工作的通知	2013年2月28日
10	文化部办公厅关于2012年度全国画院优秀创作研究扶持计划申报工作的通知	2013年2月1日
11	文化部办公厅关于开展2012年度全国美术馆发展扶持计划相关工作的通知	2013年1月28日

2014年政策法规

序号	名称	日期
1	文化部关于成立文化部网络安全和信息化领导小组的通知	2014年10月28日
2	文化部、中国人民银行、财政部关于深入推进文化金融合作的意见	2014年3月17日
3	文化部关于贯彻落实《国务院关于推进文化创意和设计服务与相关产业融合发展的若干意见》的实施意见	2014年3月17日

2015年政策法规

序号	名称	日期
1	文化部关于印发《全国艺术科学规划项目管理办法》的通知	2015年12月29日
2	文化部关于进一步加强和改进网络音乐内容管理工作的通知	2015年10月23日
3	国务院办公厅关于推进基层综合性文化服务中心建设的指导意见	2015年10月2日

续表

序号	名称	日期
4	文化部 公安部关于进一步加强游戏游艺场所监管促进行业健康发展的通知	2015年9月28日
5	文化部关于在中国（广东）自由贸易试验区、中国（天津）自由贸易试验区、中国（福建）自由贸易试验区内调整实施有关文化市场管理政策的通知	2015年7月21日
6	文化部关于允许内外资企业从事游戏游艺设备生产和销售的通知	2015年7月21日
7	文化部关于落实"先照后证"改进文化市场行政审批工作的通知	2015年7月21日
8	文化部关于印发《国家美术作品收藏和捐赠奖励项目实施办法（暂行）》的通知	2015年7月10日
9	国务院办公厅转发我和部等部门关于做好政府向社会力量购买公共文化服务工作意见的通知	2015年5月11日
10	文化部办公厅关于进一步规范业务主管社会组织开展各类活动的通知	2015年4月10日
11	文化部办公厅关于印发《外国人入境完成短期营业性演出活动的办理程序和工作指引》的通知	2015年1月16日
12	文化部 国家发展改革委关于放开社会艺术水平考级收费标准的通知	2015年1月15日

2016年政策法规

序号	名称	日期
1	艺术品经营管理办法	2016年1月18日
2	文化部办公厅关于印发《文化市场黑名单管理办法（试行）》的通知	2016年2月3日
3	文化部关于发布行业标准《社区图书馆服务规范》的通知	2016年3月11日
4	文化部办公厅关于印发《群星奖评奖办法》的通知	2016年3月11日
5	文化部关于贯彻实施《艺术品经营管理办法》的通知	2016年3月24日

续表

序号	名称	日期
6	文化部办公厅关于加强旅游市场文化经营活动监管的通知	2016年4月8日
7	文化部关于发布行业标准《图书馆行业条码》的通知	2016年4月25日
8	文化部关于贯彻《国务院关于修改部分行政法规的决定》的通知	2016年5月4日
9	国务院办公厅转发文化部等部门关于推动文化文物单位文化创意产品开发若干意见的通知	2016年5月11日
10	文化部办公厅关于印发《文华奖章程》的通知	2016年5月17日
11	文化部关于加强网络表演管理工作的通知	2016年7月1日
12	文化部关于印发《文化志愿服务管理办法》的通知	2016年7月18日
13	文化部关于发布行业标准《流动图书车车载装置通用技术条件》的通知	2016年7月19日
14	文化部办公厅关于转发《财政部 海关总署 国家税务总局关于动漫企业进口动漫开发生产用品税收政策的通知》的通知	2016年8月26日
15	文化部关于推动文化娱乐行业转型升级的意见	2016年9月13日
16	文化部关于发布行业标准《舞台管理导则》的通知	2016年12月27日
17	文化部 新闻出版广电总局 体育总局 发展改革委 财政部关于印发《关于推进县级文化馆图书馆总分馆制建设的指导意见》的通知	2016年12月29日

2017年政策法规

序号	名称	日期
1	文化部办公厅关于印发《中国文化艺术政府奖动漫奖评奖办法》的通知	2017年9月30日
2	文化部办公厅关于进一步做好戏曲进校园工作的通知	2017年9月29日
3	文化部关于发布行业标准《演出安全 第6部分：舞美装置安全》的通知	2017年7月24日

续表

4	文化部关于引导迷你歌咏亭市场健康发展的通知	2017年7月18日
5	文化部关于规范营业性演出票务市场经营秩序的通知	2017年7月06日
6	中宣部 文化部 教育部 财政部关于新形势下加强戏曲教育工作的意见	2017年5月27日
7	文化部关于发布行业标准《演出安全第9部分：舞台幕布安全》的通知	2017年5月22日
8	文化部关于推动数字文化产业创新发展的指导意见	2017年4月11日

2018年政策法规

序号	名称	日期
1	文化和旅游部关于印发《旅游市场黑名单管理办法（试行）》的通知	2018年12月21日
2	文化和旅游部关于提升假日及高峰期旅游供给品质的指导意见	2018年11月25日
3	文化和旅游部 国家发展改革委 工业和信息化部 财政部 人力资源社会保障部 自然资源部 生态环境部 住房和城乡建设部 交通运输部 农业农村部 国家卫生健康委 中国人民银行 国家体育总局 中国银行保险监督 国家林业和草原局管理委员会 国家文物局 国务院扶贫办关于促进乡村旅游可持续发展的指导意见的通知	2018年11月15日
4	文化和旅游部办公厅关于做好社会艺术水平考级管理工作的通知	2018年6月1日
5	文化和旅游部办公厅关于印发《国家旅游人才培训基地管理办法》（试行）的通知	2018年5月29日

2019年政策法规

序号	名称	日期
1	文化和旅游部关于印发《国家级旅游度假区管理办法》的通知	2019年12月20日
2	文化和旅游部关于印发《游戏游艺设备管理办法》的通知	2019年11月12日

续表

序号	名称	日期
3	文化和旅游部办公厅 国家文物局办公室关于印发《公共文化服务领域基层政务公开标准指引》的通知	2019年11月1日
4	文化和旅游部办公厅关于印发《文化和旅游部信访工作办法》的通知	2019年10月17日
5	文化和旅游部关于印发《关于促进旅游演艺发展的指导意见》的通知	2019年3月14日
6	文化和旅游部办公厅关于进一步规范涉外营业性演出审批工作的通知	2019年3月7日
7	中央宣传部、文化和旅游部、财政部、人力资源社会保障部关于印发《国有文艺院团社会效益评价考核试行办法》的通知	2019年1月22日
8	文化和旅游部关于实施旅游服务质量提升计划的指导意见	2019年1月16日

2020年政策法规

序号	名称	日期
1	文化和旅游部关于进一步优化营商环境推动互联网上网服务行业规范发展的通知	2020年12月11日
2	文化和旅游部公共服务司关于印发《公共图书馆、文化馆（站）恢复开放疫情防控措施指南（第二版）》的通知	2020年9月22日
3	文化和旅游部关于印发《文化和旅游统计管理办法》的通知	2020年8月18日
4	文化和旅游部办公厅关于修订印发《国家全域旅游示范区验收、认定和管理实施办法（试行）》和《国家全域旅游示范区验收标准（试行）》的通知	2020年5月8日
5	人力资源社会保障部 教育部 司法部 农业农村部 文化和旅游部 国家卫生健康委 国家知识产权局关于应对新冠肺炎疫情影响实施部分职业资格"先上岗、再考证"阶段性措施的通知	2020年4月21日

续表

| 6 | 文化和旅游部关于印发《出境旅游组团社签证专办员卡使用管理规定》的通知 | 2020年3月10日 |
| 7 | 文化和旅游部关于印发《文化和旅游部贯彻落实国务院在自由贸易试验区开展"证照分离"改革全覆盖试点实施方案》的通知 | 2020年1月13日 |

2021年政策法规

序号	名称	日期
1	文化和旅游部关于废止《旅游规划设计单位资质等级认定管理办法》的决定	2021年12月23日
2	文化和旅游市场信用管理规定	2021年11月11日
3	文化和旅游部 民政部 财政部 人力资源社会保障部 税务总局 市场监管总局关于印发《关于营造更好发展环境支持民营文艺表演团体改革发展的实施意见》的通知	2021年6月24日
4	文化和旅游部立法工作规定	2021年2月1日

2022年政策法规

序号	名称	日期
1	文化和旅游部办公厅关于印发《演出经纪人员 资格证管理规定（试行）》的通知	2022年9月30日
2	文化和旅游部 教育部 科技部 工业和信息化部 国家民委 财政部 人力资源社会保障部 商务部 国家知识产权局 国家乡村振兴局关于推动传统工艺高质量传承发展的通知	2022年6月28日
3	文化和旅游部 公安部 住房和城乡建设部 应急管理部 市场监管总局关于加强剧本娱乐经营场所管理的通知	2022年6月27日
4	文化和旅游部关于修改《娱乐场所管理办法》的决定	2022年5月17日

续表

5	文化和旅游部关于修改《营业性演出管理条例实施细则》的决定	2022年5月17日
6	文化和旅游部关于印发《公共图书馆馆藏 文献信息处置管理办法》的通知	2022年4月7日
7	财政部文化和旅游部关于印发《国家非物质文化遗产保护资金管理办法》的通知	2022年2月10日

附录2：无锡文化产业相关政策法规

2012—2022年全国文化创意产业相关政策法规（文化部及相关部门）汇总

2012年政策法规

序号	名称	日期
1	无锡市人民政府关于印发无锡市风景名胜区工程项目风景名胜资源费征收办法的通知	2012年2月24日
2	无锡市古树名录保护办法	2012年11月27日

2013年政策法规

序号	名称	日期
1	无锡市人民政府关于印发无锡市大运河遗产保护办法的通知	2013年8月29日
2	市政府办公室关于印发无锡市历史文化街区消防安全规定的通知	2013年8月15日

2014年政策法规

序号	名称	日期
1	关于开展法制电影"五进"活动的通知	2014年5月9日

2015年政策法规

序号	名称	日期
1	市政府关于张效程旧宅关帝庙大殿易地保护的批复	2015年3月4日

续表

序号	名称	日期
2	关于下达 2015 年农村电影放映工程公益放映目标场次任务的通知	2015 年 3 月 11 日

2016 年政策法规

序号	名称	日期
1	市政府关于公布无锡市第五批文物保护单位、第三批文物遗迹控制保护单位和已公布的市级文物保护单位扩充更名项目的通知	2016 年 9 月 9 日

2017 年政策法规

序号	名称	日期
1	市政府关于公布第一批市级特色小镇培育建设名单的通知	2017 年 8 月 11 日
2	市政府办公室印发关于加快知识产权强市建设若干政策措施的通知	2017 年 9 月 12 日
3	市政府办公室关于加快发展健身休闲产业的实施意见	2017 年 6 月 30 日
4	关于命名 2014—2016 年度无锡市特色文化之乡、特色文化团队、特色文化家庭、特色文化标兵、特色文化广场的通知	2017 年 3 月 8 日

2018 年政策法规

序号	名称	日期
1	市政府关于授予第九届无锡市优秀软件产品"飞凤奖"的决定	2018 年 12 月 6 日
2	市政府办公室关于转发市见义勇为基金会市见义勇为基金公开募捐活动实施方案的通知	2018 年 6 月 29 日
3	市政府办公室关于进一步扩大旅游文化体育健康养老教育培训等领域消费的实施意见	2018 年 2 月 2 日

2019 年政策法规

序号	名称	日期
1	中共无锡市委无锡市人民政府关于印发《无锡市文化产业高质量发展三年行动计划（2019—2021年）》《关于推动无锡市文化产业高质量发展的若干政策》的通知	2019年7月24日

2020 年政策法规

序号	名称	日期
1	关于公布2020年度无锡市政府向社会力量购买公共文化服务项目结果的通知	2020年11月30日

2021 年政策法规

序号	名称	日期
1	无锡市江南水乡古镇保护办法	2021年12月23日
2	关于印发《无锡市非物质文化遗产项目代表性传承人认定与管理方法》的通知	2021年11月16日
3	关于报送2021无锡市艺术、图书、文博、群文专业初、中级专业技术资格评审材料的通知	2021年10月25日
4	无锡市民政局关于命名文秀路等三条道路的复函	2021年10月8日
5	市政府办公室关于开展土地储备考古前置工作的实施意见	2021年4月25日
6	关于加快推进无锡国资国企数字化转型工作的通知	2021年10月20日

2022 年政策法规

序号	名称	日期
1	市政府关于公布第五批市级非物质文化遗产名录的通知	2022年8月11日
2	市发展改革委关于文旅一卡通票价的批复	2022年11月22日
3	关于公布2022年无锡市群众特色文化团队小额资助名单的通知	2022年6月28日

续表

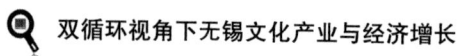

4	市体育局关于印发无锡市青少年（幼儿）体育类校外培训机构管理办法（试行）的通知	2022年6月21日
5	无锡市文化广电和旅游局关于公布第二批无锡市非物质文化遗产传承示范基地和生产性保护示范基地的通知	2022年1月24日
6	市教育局等六部门关于开展"筑梦向未来"2022年度中华经典诵写讲系列活动的通知	2022年5月9日

后　记

近年来，文化产业在我国迎来了持续繁荣发展的黄金期，影响力逐渐扩大，市场规模逐渐扩大，产业融合逐渐深入。文化产业不仅能够为广大消费者提供兼具精神性和物质性的产品和服务，而且在推动产业转型升级、优化产业结构调整等方面发挥着日益重要的作用，成为提升城市发展内涵和文化影响力的有力支撑。与此同时，文化产业的研究也方兴未艾，成为文化与经济跨界研究的热点之一。

作为一名高校教师，自己从2020年开始陆续接触文化产业方向的研究，并有幸陆续申请到无锡市哲学社会科学课题、江苏省高校哲学社会科学课题等，研究的内容主要集中在文化产业与地区经济发展之间的关系等方面，并将自己生活的城市无锡作为自己对于文化产业研究的主要对象。几年来，通过文献阅读、案例分析、实地走访、专家座谈、数据分析等方式，自己和课题组成员对无锡文化产业近十年来的发展状况进行了比较详细和深入的研究分析，积累了一定的研究素材和成果。在此基础上，完成了本书的撰写。

即将完成本书撰写之际，再回首这几年来的研究和写作体会，感慨颇深。研究的过程让我更加深入地了解了文化产业的发展历程和内涵，以及文化产业对于无锡经济和社会发展的重要作用。本书的完成不是自己对于文化产业研究的句号，而是一个分号，自己也会沿着这个研究方向不断地去进行更多的探索。

这段研究经历也让我更深切地感受到研究工作本身的意义所在。繁忙的工作、家庭生活之外，能够得以抽空在兴趣的驱使下做一点点小小的学术研究，并取得一点点小小的成果时，那种喜悦是溢于言表的。作为学术小白，通过这段研究的经历，我更能体会到学术研究过程之艰辛。由此，感谢家庭的理解、同事的支持！

特别感谢无锡职业技术学院管理学院部分专业学生在数据整理、文献梳理、调研论证修改完善等过程中做的大量工作。

本书付梓之际，谨向所有关心、指导、帮助、支持、参与本专著撰写和出版的各位领导、同事们、朋友们、学生们致以深切的敬意和衷心的感谢。本专著有不完善之处恐难避免，真诚希望各位读者多提宝贵意见。